VOLVER
A NACER

De la adversidad a la felicidad

Volver a nacer. De la adversidad a la felicidad

© Del texto: María Sebastiá Rangel
© Del cuadro de la portada: Luis Lonjedo Vicent
© De la fotografía de la solapa: Javier García Martínez
© De esta edición: NPQ Editores
www.npqeditores.com
edicion@npqeditores.com

Primera edición: marzo, 2025
Segunda edición: abril, 2025
Tercera edición: mayo, 2025
Impreso en España

PEFC

Los papeles que usamos son ecológicos, libres de cloro y proceden de bosques gestionados de manera eficiente.

ISBN: 978-84-10453-39-5
Depósito legal: V-380-2025

María Sebastiá Rangel

VOLVER
A NACER

De la adversidad a la felicidad

A mis padres, a mis hermanos, a mi familia, a mi pareja, a mis amigos y a todos los que me habéis acompañado en este camino de la vida, en el que siempre habéis estado a mi lado. Gracias, Vida; gracias, Dios.

LAS COSAS QUE NO QUIERES APRENDER,
COMO HE TENIDO QUE APRENDERLAS YO,
PERO QUE TÚ DEBES SABER.

Álvaro Pascual-Leone

PRÓLOGO

SER GRANDE

Para ser grande, sé entero: nada
tuyo exageres o excluyas.
Sé todo en cada cosa. Pon cuanto eres
en lo mínimo que hagas.
En cada lago así la luna entera
brilla, porque alta vive.

Fernando Pessoa

«Bienvenidos todos los lectores a una parte de mí, a mi vida, a mi debilidad».

Con esta frase comienza María su libro, cuya lectura, desde estas primeras líneas, recomiendo enérgicamente. He de advertir, sin embargo, que no estoy totalmente de acuerdo con esta bienvenida inicial, pues creo que la autora no es justa consigo misma ni se acerca en todo a la realidad. Concuerdo con María Sebastiá Rangel en que el texto nos lleva a una parte de su vida, pero no puedo admitir que nos adentre en absoluto en su debilidad. El lector comprenderá tras su lectura que, en realidad, el relato que nos brinda es un viaje en el que recorreremos el arduo camino que ha debido transitar hasta llegar a un destino que solo se podría alcanzar con las maletas bien cargadas de fortaleza de espíritu para sobreponerse a una adversidad física colosal.

No concuerda esta actitud con la debilidad, es más, estamos ante una fortaleza difícilmente superable y que ha sido el medio para alcanzar su recuperación. Así, parafraseando a María, os anuncio que estamos ante «una parte de la vida de María, ante su fortaleza».

Conocí a María hace aproximadamente cuatro años, cuando vino a verme para plantearme que quería preparar las oposiciones de ingreso en la carrera judicial y que yo fuese su preparador. Ser juez era su mayor ilusión, como antes había sido la de Herminia, su madre, a quien también tuve el privilegio de preparar y que en la actualidad es magistrada del Juzgado de Violencia sobre la mujer n.º 3 de Valencia.

El que fuera preparador de María ya parecía predestinado; ya en su día su madre, Herminia, no fue una opositora más, y Luis, su padre, que en aquella época ya era su novio, tampoco fue un desconocido para mí, ambos generaron tal confianza en mi familia que los dos acabaron ejerciendo de «canguros» de mis hijas, quedándose en mi casa cada vez que salíamos. Fácilmente se puede entender qué vinculación y consideración me une con la familia Sebastiá Rangel.

María es una mujer menuda, como ella misma señala, lo que puede hacer pensar equivocadamente a muchos, incluso a ella misma, que se describe como una persona frágil. Nada más lejos de la realidad. Durante los dos años de preparación de su oposición, he comprobado día tras día la enorme fuerza que posee para luchar hasta alcanzar cualquiera de los objetivos que se proponga. Junto a su fortaleza, he podido constatar otras características que definen perfectamente a la autora de esta magnífica obra. Entre estas, debo destacar su constancia, disciplina, voluntad, empeño y esfuerzo. A ellas hemos de unir también su entrega, prudencia, bondad y humildad. Así lo constaté, como digo, durante mi etapa de preparador de María, y la lectura de este libro no ha hecho más que reafirmarlo.

Antes de entrar a resumir, brevemente, las razones que me han llevado a prologar y recomendar esta obra, quiero explicar que para mí su lectura ha sido el espejo de aquel día 30 de diciembre de 2022. Ese día cambió la vida de María, la mía, y estoy seguro de que también la de no pocas personas.

Volver a nacer. De la adversidad a la felicidad: el título del libro es la denominación sincrética de los doce capítulos en los que se divide. A través de esos capítulos, en modo cronológico, María narra el giro que ha dado su vida desde que ese 30 de diciembre sufriera un derrame cerebral mientras cantaba *online* el tema 54 de derecho penal, «Acusación y denuncias falsas». Como siempre, parecía tranquila, aunque ella nos cuenta lo contrario; dominaba el tema y lo exponía ordenadamente y ajustado al tiempo marcado, como un reloj. Sabía que le faltaban tan solo dos minutos para terminar. Del otro lado de la pantalla, comencé a observar que algo no iba bien. María se dejaba caer inconscientemente hacia un lado. De repente, ella misma confesó que se estaba mareando. Solo me dio tiempo a sugerirle que se sentase para evitar golpearse. Ya no reaccionó, cayó al suelo.

Hay historias que te cambian la vida, y días que te cambian la historia.

La primera reflexión de este libro ha sido para mí impactante «la importancia de las decisiones» en el devenir de nuestra propia vida. Antes de haber sufrido el derrame cerebral, María había decidido ser juez y que yo fuera su preparador, superando el miedo a no estar a la altura de su madre. En la primera convocatoria a la que se presentó, decidió retirarse en el último tema alegando que no controlaba con la perfección que ella se exigía todo el derecho positivo pese a que el tribunal la animaba a seguir. Este llegó a decir, tras retirarse, que iban a darle el número uno; y, sin pestañear, regresó de Madrid decidida a continuar dispuesta a aprobar en la siguiente convocatoria, de febrero de 2023. Todas sus decisiones, junto con el esfuerzo puesto en ello, iban encaminadas al éxito seguro.

Pero las decisiones cobran mayor importancia en momentos cruciales de la vida, como el que inicialmente compartimos María y yo aquel 30 de diciembre de 2022. Decidí llamar a su madre; ella decidió atender el teléfono, pese a estar en una reunión en el trabajo, y telefonear a su casa para que atendiesen a María; sus hermanos decidieron llamar a la ambulancia; y, finalmente, ante el retraso, su padre y sus hermanos decidieron trasladarla al hospital en el coche familiar. La concatenación de todas esas decisiones fue crucial para que ella llegase con vida al hospital. Allí, sin embargo, el diagnóstico fue cruel: el derrame era tan grave que no era posible operar, ya solo quedaba esperar el desenlace final. Sin embargo, nuevamente «la importancia de las decisiones» quiso que un doctor apostase por María y, sin falsas promesas ni expectativas, decidió también que se podía intervenir. «¡Menos mal que las cosas sucedieron como sucedieron!», exclama ahora María.

La segunda reflexión que comparto con ella tiene que ver con la importancia de la familia, de su novio, de su perro Lucas; pero también de los amigos y de los apoyos, en general, incluida la comunidad orante a la que le une su profunda fe. Veremos más adelante cómo el verdadero motor de María es su fuerza interior, pero nada hubiera ido tan rápido sin el empuje decidido de su familia y entorno. De ello es reflejo la propia decoración de la habitación 418 del pabellón C del Hospital Clínico de Valencia, su «nuevo hogar» tras la operación, engalanada con flores y empapelada con fotografías y estampas traídas por sus familiares y amigos, escena que se repetiría posteriormente en la habitación 421 del Hospital Virgen del Consuelo. Con ellos compartiría allí actividades y canciones a diario; con las personas que conocían su historia, rezos, oraciones y fe.

A todo ello se refiere siempre María desde el más sincero agradecimiento. Agradecer es algo que se hace poco; sin embargo, para ella es imprescindible, y para cualquiera que lea esta obra supone una enseñanza. La palabra *gratitud* cobra aquí todo su significado.

En un pasaje del libro, dice: «Nunca me he preguntado por qué me ha pasado esto, o por qué a mí, o por qué en este momento. El dolor y el sufrimiento forman parte de la vida y debemos aceptar las cosas dolorosas que esta nos trae». Esta frase pudiera dar lugar a equívocos, pues hay quien puede encontrar en ella evidencias de resignación y conformismo. Sin embargo, María es justamente lo contrario y se evidencia cuando dice: «La vida es esfuerzo». Esta ha sido una constante durante todo su ciclo vital, nada nuevo que tuviera que descubrir después del 30 de diciembre de 2022. La conjunción de ambas frases nos descubre la fortaleza de María, que, lejos de regodearse en el sufrimiento, afronta con valentía y determinación su nueva situación; aprende a desaprender y a reaprender partiendo de su desorientación y perplejidad inicial, y pone tanto empeño en su recuperación como en la oposición, paso a paso, exigente consigo misma y trabajando duro.

María es grande: pone cuanto es en lo mínimo que hace.

«¿Qué es abrir la boca?», «¿Qué es tragar?», «No sé llamar a mi familia por sus nombres, pero sé quiénes son y eso me basta», «Me cuesta hablar con las palabras correctas... ¿Por qué no me entiende la gente? Yo intento decir la palabra que toca, pero me salen otras distintas». Son preguntas que María ha aprendido a contestarse con el paso del tiempo y que muestran al lector el estado en el que quedó postrada aquel día previo a la Nochevieja de 2022. Actualmente, todas tienen respuesta.

María ha reaprendido a abrir la boca, a tragar, a mover la mano y el pie derechos, incluso sale a correr con su madre por el río. Ha reaprendido a hablar, no sin antes conformarse simplemente con hacerse entender, aunque, a veces, todavía le cueste hacerse con la palabra oportuna. Ya puede leer también y comprender casi todo lo que lee. Además de lo reaprendido, ha tenido que aprender cosas nuevas; por ejemplo, que tras tres años opositando ya no será juez, pero esta aparente adversidad la ha resuelto magníficamente «Puedo decir que ahora soy más feliz que nunca».

En este caminar ha conocido a gente nueva, vidas distintas, algunas de ellas más difíciles que la suya. Pero, sobre todo, ha aprendido a valorar. Su verdadero aprendizaje ha sido apreciar la importancia de cada pequeño paso que ha dado, de cada uno de los peldaños que ha ido subiendo. Por ese transitar ha advertido el escaso tiempo que pasaba junto a su familia mientras ella perseguía su sueño, y ha reenfocado su vida rumbo a nuevos horizontes, los que verdaderamente importan. Ha aprendido a ser feliz, a que se puede ser feliz en plenitud a pesar de todo lo acontecido, y por ello ha decidido —¡la importancia de las decisiones!— reescribir su vida en un acto de generosidad que comienza compartiendo ahora sus vivencias. Para todos nosotros, lectores, esto será una verdadera enseñanza que nos mostrará la imposibilidad de pactar con las dificultades porque o las vencemos o nos vencen; y que no siempre comprendemos cuánta fortaleza se necesita para vivir en la fragilidad.

He compartido muchos momentos con María antes de esa fecha a la que hasta ahora hubiera calificado de fatídica. Como le decía hace unos meses en unas palabras que ella recuerda ahora, «la vida ha querido también que compartamos un momento desgarrador y ahora que sigamos juntos». Afirmaba entonces, y mantengo hoy, que esto último lo tenemos que agradecer luchando hasta el final, y la animaba a seguir hacia una meta que ya estaba ahí. Ese día, sentía que ella y yo, y todos, ya lo celebrábamos, y le vaticinaba entonces que sería lo que quisiera ser y que todos lo verían. No me equivocaba porque este libro es la prueba palpable de que el vaticinio se ha cumplido; María ya ha iniciado el camino imparable de lo que realmente quiere ser, y todos lo estamos viendo.

Siento que es un privilegio poder invitaros a compartir con ella esta nueva etapa. Espero que, como a mí, este libro os haga reflexionar, descubrir la serena grandeza de María, que hace cierta aquella afirmación de que «se vive una vez..., pero, si se hace bien, es suficiente», y que la manera más segura de perder algo es darlo por perdido.

GONZALO A. LÓPEZ EBRI

1. EL REGALO DE LA VIDA

Bienvenidos todos los lectores a una parte de mí, a mi vida, a mi debilidad. A través de este libro, quiero transmitiros todo lo que he vivido, he sentido y he aprendido desde que el 30 de diciembre de 2022 mi vida dio un giro de ciento ochenta grados.

Quiero que podáis ver en estas reflexiones una herramienta que os ayude a vivir con alegría, a comprobar que la felicidad no está exenta de adversidades, de contratiempos, que, pese a todo, no impiden que la vida pueda seguir satisfactoriamente.

Pero ¿qué sentido tendría seguir adelante con estos pensamientos si ni siquiera me conocéis, si no sabéis el origen de todo, mis raíces, lo que me ha conformado como la persona que fui y que soy?

Me llamo María Sebastiá Rangel y nací el 15 de mayo de 1996 en Valencia. En mi familia somos seis: mis padres, Luis y Herminia, y mis hermanos Luis, Pablo, Patri y yo, que soy la segunda.

He tenido una infancia feliz y desde pequeña siempre he sido muy familiar, he disfrutado de estar con mis padres y hermanos, de hacer planes juntos, de viajar o simplemente de estar todos en casa viendo una película o jugando a juegos de mesa.

Al ser cuatro hermanos, hemos jugado mucho durante mi infancia, hay muchos recuerdos que me vienen a la cabeza cuando veo fotos de todas las cosas que hemos hecho juntos y que han ido componiendo lo que soy: una persona profundamente familiar. Recuerdo mi infancia rodeada de festividades, familia, celebraciones de Navidad y Reyes Magos, películas en la televisión, viajes, cumpleaños; mostrándome en casa tal y como soy, porque ellos conseguían que mi timidez desapareciera. Porque, aunque no lo haya comentado, me he caracterizado por ser bastante tímida. Con mi familia, con mis amigos, con mi novio, sí me mostraba tal y como era, pero en grupos más amplios era más retraída y prefería pasar más desapercibida. ¿Quién lo diría?

Siendo la hermana mayor, bueno, la primera chica, pues mi hermano Luis es el mayor, he disfrutado de la infancia de mis hermanos pequeños cuidándolos, escogiendo su ropa, siendo su animadora y hasta profesora en nuestros ratos libres. Es bonito ver cómo, aunque los pequeños crezcan, los roles siguen, y con ello las múltiples funciones que cada hermano tiene.

Mis padres suelen recordar anécdotas de la infancia, donde proponía planes o juegos que hacían disfrutar a todos de lo importante: la familia.

Bueno, os sigo contando mi vida. Tras mis primeros años de educación infantil, a los seis, empecé primaria en el Colegio del Pilar de Valencia, en el que estuve doce años.

Disfruté mucho en el colegio y tuve la suerte de tener buenos amigos y unos excelentes profesores que me han ayudado a formar mi personalidad.

El Pilar es un colegio muy activo y dinámico donde aproveché para hacer múltiples actividades como baloncesto, gimnasia rítmica, clases de guitarra y las diversas actividades que el colegio organizaba, como moros y cristianos o las danzas del Corpus Christi.

Durante varios años fui a clases de pintura, organizándome para llegar a todo, pues siempre he procurado ser muy responsable con mis obligaciones. Puede que por ello esta historia cobre más sentido, ya que mi constancia y responsabilidad han hecho que hoy esté aquí.

Considero que soy una persona que disfruta de las pequeñas cosas, desde que era bien pequeña he ido a la playa, en la que he pasado tantos veranos y que tan feliz me ha hecho y me sigue haciendo. Allí he hecho planes de todo tipo, castillos de arena, he disfrutado de las verbenas de la urbanización, he salido muchas noches de fiesta o, simplemente, he pasado buenos ratos hablando con esos amigos que son como familia.

Recuerdo los fines de semana en el pueblo de mi abuela Herminia, Requena, y las tardes jugando a las cartas, nada como irse a comer por ahí o a hacer los planes tan diferentes que organizaban mis padres, coger una mesa e irnos todos al campo. Años después, nos cambiamos a una casa de campo en Siete Aguas, y quién me iba a decir, cuando vine por primera vez a esta casa a los catorce años, que sería aquí donde mucho tiempo después daría mis segundos primeros pasos; pero tranquilos, más adelante esta historia cobrará sentido.

Adolescencia, responsabilidades, el temido selectivo y su nota de corte para la carrera universitaria que quieres, pero, sin duda, todo el esfuerzo en bachillerato tuvo su lado bueno cuando pude empezar en la Universidad de Valencia el doble grado de Derecho y Administración y Dirección de Empresas (ADE), un gran paso que significaba decir adiós a lo que había sido un hogar durante doce años, mi colegio, que, con sus valores cristianos y humanos, ha sido una pieza fundamental para mi educación.

Fueron cinco años universitarios muy bonitos, a pesar de tener que estudiar cada día, tenía tiempo para salir con amigos que había conocido en la universidad. Recuerdo muchos momentos estupendos: las fiestas universitarias, las salidas de fin de semana, el Erasmus en Ruan con nuevos amigos; la verdad es que me lo pasaba genial. Y, casualidades de la vida, gracias a la carrera, gracias a un viaje que hice con los amigos de la universidad a Sevilla conocí a Alejandro, mi pareja, una persona que me ha dado seguridad, ha estado a mi lado en los buenos y en los malos momentos, ha sufrido conmigo en estos últimos, pero siempre transmitiéndome alegría, optimismo, cariño, y así desde hace ocho años.

Continuando con la importancia de las decisiones, se acercaba mi futuro laboral y con ello la decisión de si opositar o trabajar como abogada.

Por mis padres conocía de cerca cada una de esas opciones. Siempre tuve en mente ser juez, ya que, a pesar de la dura preparación, supone poder ayudar a gente que sufre y que necesita de ti, por lo que, tras hacer prácticas tanto en una firma de abogados como en un juzgado, me decanté por opositar a juez.

Nuevo momento importante en mi vida, sabía que opositar es muy sacrificado, ya que significa renunciar a muchas cosas durante un plazo indeterminado. Conocía a personas que llevaban hasta diez años opositando, y encima con la incertidumbre de no saber si al final de ese camino aprobaría o no. Pero siempre he creído que, si quieres algo, debes ir a por ello, o por lo menos intentarlo, así que me puse manos a la obra.

Cuando tomas una decisión, sea la que sea, es fundamental tanto rodearte de las personas adecuadas como prepararte de la mejor forma posible. Es fundamental ir de la mano con una persona empática, con experiencia, que busque tu bien y confíe en ti. Por ello, la decisión de quién me iba a preparar las oposiciones a juez fue fácil con la ayuda de mi madre, ya que mi preparador iba a ser Gonzalo López Ebri, el mismo que tuvo ella, del que tanto y tan bien había oído hablar en casa. Compartir este proceso con mi madre era ilusionante.

Los nervios del primer día, la presión adicional que yo me imponía, el miedo a que pudiera compararme con mi madre... ¿Estaré a la altura?

Pero, bueno, empecé a opositar, todos los días el mismo horario de estudio: de 8 a 21 horas. Ese ritmo de estudio se hizo más llevadero gracias a las personas que me acompañaron en ese camino: mi familia, Alejandro, Gonzalo, amigas del colegio y de la universidad y amigas de la oposición con las que me voy a sentir unida siempre, aunque nuestro futuro laboral ya no vaya a ser el mismo, como más adelante comprobaréis.

Pese a ser una etapa tan exigente, tan dura, incluso con lloros tras cada cante (exposición oral semanal de temas ante el preparador), es una etapa de la que guardo un recuerdo muy bonito. Verse a una misma superándose, consiguiendo aquello por lo que lucha; autocorregirse; ver que la decisión que has tomado es la correcta te hace ser consciente de que puedes con mucho más de lo que crees.

El día 21 de junio de 2022, tras aprobar el primer examen, estaba convocada en el Tribunal Supremo para hacer mi segundo examen. Es oral, de cinco temas, con doce minutos para cada uno. Yo canté cuatro y, cuando iba a empezar el último, pedí permiso al tribunal para retirarme. Me dijeron que no lo hiciera, que continuase, pero mi decisión estaba tomada: ese tema no me lo sabía bien. Tras retirarme, el tribunal me dijo que era el mejor examen que habían escuchado, que se entristecían por mi decisión, pero yo estaba contenta y satisfecha de ver los frutos de mi estudio. A los pocos días comencé otra vez a estudiar con ilusión porque pensaba que con un poco más de tiempo podría sacar la oposición y ser juez. Ya llevaba dos años opositando y el haber podido ir a Madrid a examinarme en la sede del Tribunal Supremo y escuchar las palabras tan motivantes que me dijo el tribunal fue un orgullo para mí y me sirvió de acicate para seguir estudiando. Tenía a mis padres conmigo y el 21 de junio es el santo de mi abuelo, mi padre y mi hermano, un guiño más del de arriba.

El siguiente objetivo, de nuevo el primer examen, sería en febrero del 2023. Tras unos días de descanso, me puse a tope con la cabeza centrada en esa fecha.

2. EL DÍA QUE CAMBIÓ MI VIDA

Hoy es viernes 30 de diciembre de 2022.

Por la mañana, tengo cante con Gonzalo. Siempre canto los viernes por la tarde, pero, como mañana es Nochevieja, Gonzalo nos ha hecho un cambio de horario, así que tendré de descanso el viernes 30 por la tarde y el sábado 31. Después de cantar, me iré a desayunar con mis amigas de la oposición.

Mañana es 31 de diciembre, último día del año, por lo que, como todos los años, cenaré con mis padres y mis tíos. Qué bien que mi hermano Luis se quede esta Nochevieja conmigo, pues suele celebrarla con sus amigos. Serán unas navidades especiales. Cenaré con ellos y tomaré las uvas, pero no haré gran cosa después para poder acostarme pronto, ya que, el 1 de enero, me gustaría estudiar un rato, pues el examen está a la vuelta de la esquina.

Son las 10:30 de la mañana del viernes 30 de diciembre. Dentro de nada me toca cantar. Hoy, como todos los viernes, cantamos *online*. He enviado un mensaje por WhatsApp a mis hermanos para que nadie entre en mi habitación porque tengo que cantar por Teams y no quiero que nadie me moleste o haga ruido. La compañera de la oposición que canta delante de mí está tardando más de lo normal, no sé por qué. Qué nervios tengo. Estoy dentro de mi habitación esperando.

Por fin ya me toca, Gonzalo me dice que cante el tema 54 de penal: «Acusación y denuncias falsas». Un buen tema, me gusta y me lo sé bien.

Son las 10:50 horas, llevo diez minutos cantando con mi preparador y veo que el tema me está yendo bien, pero de repente me empiezo a sentir mareada, ¿qué me pasa? Le digo a Gonzalo que me estoy desmayando y él me dice que me siente en el suelo para evitar darme un golpe. Me quedan dos minutos para acabar el tema, pero todo se vuelve negro, no me ha dado ni tiempo a darme cuenta de lo que me está pasando.

Gonzalo ha llamado inmediatamente por teléfono a mi madre, que en ese momento está trabajando en el juzgado. Tiene guardia y está en su despacho con unos abogados. Al ver la llamada de Gonzalo, coge el teléfono pensando que será cualquier cosa sin importancia, pero, en cuanto Gonzalo le dice que me he desmayado, reacciona rápidamente. Mi madre llama a mi padre, le cuenta lo sucedido y los dos acuden a toda velocidad a casa con la esperanza de que haya sido una bajada de tensión o de azúcar, o algo no muy grave.

Mi madre llama a Alina, la señora que nos ayuda en casa, ella está aquí con mis hermanos Pablo y Patri, que se asustan mucho porque me echan agua en la cara y yo no reacciono, por lo que llaman a urgencias, a una ambulancia. En ese momento yo ya estoy desconectada, fuera del mundo, con los ojos cerrados. Todo se vuelve negro en todos los sentidos. Mi padre llega en cinco minutos y baja a mi habitación, donde estoy tumbada. Al ver que no reacciono a nada, se da cuenta de que algo muy grave me está pasando. Mi padre y Pablo me cogen en brazos y bajan a la calle. Llaman a mi madre para decirle que no aparque el coche, pues nos vamos directos al hospital.

Todos están muy asustados. Quieren llegar al hospital cuanto antes y la ambulancia no llega. No pueden esperarla, por lo que toman la decisión, menos mal, de llevarme en coche todo lo rápido que puedan.

Vamos a toda velocidad por Valencia con un pañuelo blanco por la ventanilla y saltándonos todos los semáforos hasta entrar en urgencias del Hospital Clínico Universitario.

Cuando llegamos a la puerta de urgencias del hospital, salen enseguida con una camilla y me llevan directamente y a toda velocidad al box de urgencias. Las esperanzas que aún tiene mi familia de que finalmente no sea algo tan grave se van desvaneciendo poco a poco. Primero les dicen a mis padres que yo no reacciono a ningún estímulo y que me tienen que intubar. Mis padres les dicen a mis hermanos Pablo y Patri que se vayan a casa porque van en pijama y ellos irán informándoles. Al llegar a casa, mis hermanos llaman a mi hermano mayor, Luis, que está en el trabajo, para decirle que estoy en el hospital y él va enseguida a casa. Tienen mucho miedo y quieren estar juntos. Los tres, muy asustados, esperan noticias de mis padres.

En el hospital empiezan diciendo que estoy en coma, que no respondo a ningún estímulo y que me van a hacer pruebas; aún hay un hilo de esperanza. Pero al cabo de un rato pasan a mis padres a una sala y sale un médico de urgencias que, solo con la cara que muestra, ya saben que no trae buenas noticias. Les dice a mis padres que me han hecho un tac y que la causa de mi estado ha sido un derrame cerebral que es tan grande que no van a poder operarme. En ese preciso momento todo se derrumba. Cuántas veces he oído decir a mis padres que lo peor que te puede suceder en la vida es ver morir a un hijo, el dolor que produce es inimaginable. Eso está sucediendo. A mis padres esa noticia los derrumba completamente.

Y en ese momento, aunque yo no soy consciente de nada, mi vida cambia por completo.

Les dicen a mis padres que, si tengo hermanos, que los avisen para que puedan despedirse de mí. Definitivamente me estoy muriendo y no hay nada que hacer, ninguna esperanza. Mis padres llaman a mis hermanos para contarles la situación y en unos minutos están todos en la salita del hospital llorando al pensar que yo me muero. ¿Cómo puede estar pasando esto? No dan crédito a lo que les ha dicho el médico. Me han dejado en casa como todos los días estudiando y ahora me estoy muriendo. Mis padres y mis hermanos lloran sin consuelo. Al cabo de un rato, cuando el dolor, el llanto, la ausencia de esperanza se han apoderado de sus vidas, cuando todo es negro, aparece un neurocirujano y les dice a mis padres que yo soy muy joven y que él no me va a dejar morir, que va a operar, que la operación va a ser muy difícil, pero que al menos lo van a intentar, que, si tienen fe, se pongan a rezar. Mis padres y hermanos envían mensajes a nuestra familia, a nuestros amigos y a la comunidad marianista para que se pongan a rezar por mi curación, es la última esperanza: que la mano de Dios ayude a los médicos a sacarme del pozo negro en el que estoy. La esperanza, el motor de la vida, vuelve a aparecer. Dios y el neurocirujano juntos sí pueden salvarme.

Mis padres y hermanos se van a las puertas del quirófano con un rosario en las manos y comienzan a rezar. Enseguida vienen nuestros familiares y amigos para acompañar a mi familia en las siete horas que dura la operación. Se hacen muy largas, parece que el tiempo no pasa. Rezan, lloran, recorren el pasillo que hay al lado de los quirófanos, desde ahí me dan fuerzas, apenas hablan, no tienen fuerza para ello, solo se miran y en esas miradas se ve el gran dolor que tienen. Son momentos muy duros porque, si los médicos salen pronto, significa que yo me he muerto. Conforme avanzan las horas van teniendo esperanza de que salga viva de la operación. Pero, cada vez que se abren por cualquier causa las puertas correderas que dan acceso a la zona de los quirófanos, el corazón de todos los que están allí acompañándome da un vuelco. Allí hay un montón de gente rezando por que salga viva, y yo dentro unida por Dios con todos.

Dios empieza a actuar. Se ha abierto el colegio del Pilar y la gente, de forma espontánea, están yendo a rezar por mí a la capilla de Faustino.

Después de siete largas horas les informan a mis padres que ya me están cosiendo; la operación ha terminado. Estoy viva, ese mensaje les alivia, porque, aunque tardo una hora más en salir del quirófano, ya se respira una cierta tranquilidad: he sobrevivido a la operación. El primer obstáculo lo he superado.

A las siete de la tarde sale uno de los neurocirujanos que me ha operado y les dice a mis padres que la operación ha terminado, que ha ido bien, pero que las horas siguientes van a ser críticas porque yo sigo estando extremadamente grave. Aunque la primera valla la he saltado, sigue quedando por delante un camino lleno de baches que pueden aparecer: tengo que evitar infecciones, edemas cerebrales y nuevos sangrados. En fin, todos siguen con el alma en vilo, pero yo, de momento, estoy viva. Unas horas antes, era inimaginable para mis padres y hermanos pensar que podrían volver a verme, y allí sigo yo, luchando. La verdad es que, para mi familia, aunque ahora parezca increíble, en esos momentos, solo poder verme, abrazarme, aunque yo esté en coma, ya les da un cierto alivio.

Según salgo del quirófano y, por supuesto, estando en coma profundo, me llevan a la Unidad de Reanimación del Hospital Clínico, a REA, en la segunda planta del pabellón C. Mis padres y mis hermanos han podido verme unos minutos. Sus caras reflejan todo el dolor, todo el sufrimiento que están viviendo. Parecía que todo es una horrible pesadilla, pero, tristemente, es verdad: yo estoy muy grave y luchando por vivir.

Ahora, cuando desde mi nueva realidad miro hacia atrás y recuerdo, por el relato de mi familia, todo lo que pasó en esas horas críticas, veo que Dios ya obró para que se diesen todas las circunstancias, muchas especiales, para que yo hoy esté aquí escribiendo este libro.

Menos mal que ese día mi compañera de oposición empezó más tarde a cantar el tema y se retrasó. Gracias a eso, cuando me desmayé, aún estaba conectada por Teams con mi preparador Gonzalo porque el desmayo se produjo cuando iba por el minuto diez del tema de ese día, cuando me quedaban dos minutos para acabarlo. Si no llega a ser por eso, me podría haber desmayado en mi habitación y nadie se hubiese enterado. También hay que pensar que no es normal que un preparador tenga el teléfono de los padres de una opositora ni que mi madre lo coja estando reunida con abogados.

En ese momento de dolor y nervios, es difícil tomar decisiones con claridad. Menos mal que mis padres decidieron no esperar a la ambulancia, que finalmente tardó casi una hora, y llevarme en coche al Hospital Clínico, ya que tardamos menos de cinco minutos que resultaron cruciales.

Menos mal que decidieron llevarme al Hospital Clínico, y no al que me correspondía, el Peset Aleixandre, porque en ese hospital no hay servicio de neurocirugía.

Menos mal que los quirófanos del Hospital Clínico estaban libres y pudieron iniciar la operación inmediatamente y menos mal que fue un viernes 30 de diciembre por la mañana y los neurocirujanos aún no habían salido para sus vacaciones de fin de año.

Como os decía, esas casualidades, o causalidades, quién sabe, se habían alineado para que yo siguiese viva. Y, en esos momentos, vivir ya era un milagro. Sigo pensando que Dios ya estaba a mi lado cuidándome.

3. LA OSCURIDAD DEL COMA

Hoy es día 31 de diciembre, mis padres y hermanos están esperando en la puerta de REA a que los médicos les digan cómo he pasado la noche. Termina el año con mucha tristeza, pero con esperanza porque estoy viva. Esta noche la pasaré con ellos, ellos sentados en las sillas que hay en la puerta de REA y yo dentro, en la habitación de REA en coma. Solo nos separa una puerta, pero nuestras almas, nuestros corazones están más unidos que nunca. Como a esas horas no hay nadie en el pasillo, mis hermanos han puesto unas fotos en las paredes para sentirse más cerca de mí: cuánto dolor, cuánta tristeza. Un amigo de mi hermano Pablo les ha traído al hospital unas uvas para que las tomen aquí. En cada uva está el deseo de que me cure, de que despierte, de que volvamos a estar juntos. Ya es tarde y, tras tomarlas, se van a casa a intentar descansar algo, pero no lo consiguen.

Ya es 1 de enero. Temprano vuelven a sentarse todos en el banco de REA, vuelven a rezar y a esperar un nuevo parte de los médicos.

Ojalá poder despertarme y estar con mi familia, con Alejandro, con mis amigas; jugar con mi perro... Debería estar estudiando porque el examen es en menos de dos meses. Pero ¿qué me está pasando? ¿Estoy dormida? ¿Me despertaré? Cómo echo de menos a mi familia, ¿los volveré a ver?

Mis padres y mis hermanos entran en el box de REA en el horario de visitas, pues no les permiten más. Me ponen canciones, me cuentan cosas, pero yo no oigo nada ni respondo a ningún estimulo: día tras día sin ninguna reacción. Entran con la ilusión de que mueva aunque solo sea un dedo, de que pueda escucharlos, pero no hago nada. A veces me suben las pulsaciones al oírlos, pero nada más, ellos salen abatidos, pobrecillos. ¿Cuánto tiempo más van a poder aguantar?

En las sillas blancas que hay en el pasillo de REA siempre está mi familia rodeada de muchos amigos que acuden a consolarlos, a hacerles compañía. Están todos pendientes de mí, qué maravilla de familia y amigos tenemos. Todo ese amor tiene que dar fruto, seguro que me va a ayudar para salir adelante. Los amigos les dan a mis padres estampas de vírgenes, cruces, agua bendita. Unas las han puesto junto a mi cama y otras las llevan ellos en los bolsillos. Cogen entre las manos el rosario y rezan. Necesito ayuda del de arriba para salir de esta.

Mis hermanos han comprado una libreta donde todos escriben cosas: lo que sienten, lo que me dirían si yo los escuchase. La libreta va de una persona a otra en el pasillo de REA. Ojalá un día pueda leer todo lo que me han escrito.

Todos los días, los médicos de REA les dan a mis padres unos informes muy duros porque les siguen diciendo que mi estado es de extrema gravedad, que el riesgo de que me muera sigue ahí. Los días transcurren con miedo a los informes diarios de REA, pero con esperanza porque muchos de los médicos amigos que llaman a mis padres lo hacen para dar ánimos y les dan una visión más esperanzadora de lo que puede pasar. Mi familia siente el amor de los amigos, de la familia y de Dios, es lo único que les da algo de sosiego, nunca agradeceremos lo suficiente cómo nos han cuidado en todo este tiempo. Mi familia y mis amigos se reúnen a rezar por mi recuperación. Estoy segura de que ese amor tan grande que está al otro lado de la pared de REA llega hasta a mí, está intentando que mi cuerpo reaccione y despierte. Pero nadie dijo que el camino iba a ser fácil.

El día 3 de enero, un neurocirujano es quien va a informar a mis padres sobre cómo he pasado la noche anterior para darles el informe diario. Esto ya los alerta, y tienen motivos para ello. El neurocirujano les dice que, como ya les han advertido, yo estoy muy grave, que el edema propio de la operación está creciendo y, si no deja de hacerlo en breve, ya no habrá nada que hacer. Mi cerebro está al límite porque ya apenas queda espacio en el cráneo. El mazazo es tremendo, mis padres salen llorando de la sala. Mis hermanos, la familia, los amigos que están fuera se quedan impactados y comprenden que algo malo les han dicho. Toda mi familia se va directamente a la capilla de la Facultad de Medicina, que está junto al Clínico. Necesitamos ayuda del de arriba, mi vida otra vez está en peligro.

Por fin, el edema ha parado de crecer. Un nuevo obstáculo superado, una nueva esperanza, ¿qué será lo siguiente? El médico jefe de servicio de REA ya les ha dicho a mis padres que esto va a ser siempre un camino en forma de dientes de sierra: se alternarán noticias buenas y malas. Lo bueno es que yo siga mejorando, que esos dientes de sierra sigan una dirección positiva, hacia arriba. Pero no hay tregua, nuevas complicaciones. Tengo algo de fiebre, mis padres tienen pánico a que en mi estado tenga alguna infección por una bacteria hospitalaria. Sería gravísimo y la fiebre es un mal síntoma. Efectivamente, parece que se trata de una infección, pero no sabemos de qué tipo, me han dado antibióticos para combatirla.

Mientras mi familia está preocupada con la infección, aún se complican más las cosas: tengo una fuerte reacción alérgica a algún medicamento que me afecta a todo el cuerpo. Mi estado sigue siendo de extrema gravedad y aún estoy en coma sin reaccionar. Mis padres y mis hermanos me han visto al salir del REA para hacerme un tac, se han quedado muy preocupados porque estoy muy hinchada, toda roja, con un sarpullido extendido por todo el cuerpo. Están esperando en las sillas de la puerta de REA por si ven salir a un médico, una enfermera o alguien que les dé noticias mías. ¿Qué me está pasando?

Por las noches, mis padres y mis hermanos se van a dormir a casa. Cuánto silencio hay allí y cuánto dolor. Se sientan a cenar, pero sienten un dolor intenso al no estar yo. Qué ausencia tan dura, siempre una silla vacía. Pese a que se mantienen esperanzados en que pueda salir del coma, a veces las noticias los llevan a pensar en un futuro tenebroso, sin mí, siendo solo cinco, ¿volveremos a ser seis? Pronto se acostarán, intentarán descansar algo, pero no lo consiguen porque están pensando en mí, en cómo estoy, en qué noticias les dirán mañana, en cómo será mi futuro y el de nuestra familia.

Mi hermana Patri no puede dormir, sufre lo indecible, necesita verbalizar su dolor y el día 5 de enero me escribe una carta:

> A mi hermana Mery.
>
> Hola, Mery, he intentado empezarte más de 6 cartas y creo que es ahora cuando voy a lanzarme a hacerlo, no sé ni qué hora es, pero no me he tomado nada y mi cabeza da muchas vueltas a estas horas.
>
> Es de las primeras veces que no puedo expresar lo que siento, de verdad que soy incapaz, y es que el otro día mi amiga Lau me dijo que tengo el don de expresar en cada momento todo, pero lo siento, Mery, no me salen las palabras, no sé si porque tengo una barrera ante mí que busca evadirse o porque nunca he vivido una situación igual, más bien ambas, no voy a negarlo.
>
> No es fácil, la verdad.

Aquello que crees que nunca te pasa o más bien si te pasa dices: ¿por qué a mí? ¿Por qué a ti? ¿Por qué a nosotros?

Si pienso en el pasado, me entristezco porque hace mucho que no te noto conmigo en casa; si pienso en el futuro, me da miedo qué va a ser y sólo queda pensar en el presente..., un presente de incertidumbre que tampoco recomiendo.

Tú, mi Mery, la que me ayudaba a estudiar haciéndome canciones, me robaba la ropa disimuladamente y me reñía por cogerle ropa y no colgarla, con la que me iba a tomar algo en sus días libres, la mejor opositora a pesar de la presión que debía sentir, la que sabía qué combinaba y qué no, la que más me conocía y sabía qué decirme y qué no, la que me lanzaba a ser feliz con otra carrera, la que nunca ha sentido envidia ni prejuicio y siempre, siempre ha estado a mi lado.

No puedo pensar que no pueda ir a tu habitación y ver todos los apuntes de la oposición ordenados, con tus pintas de estudio todo rosa y con Luquitas contigo.

Me cuesta saber si hablarte en pasado o presente porque es duro pensar el cuándo o el cómo será.

Todo en mi vida sentía que lo tenía medianamente gestionado, todo bajo control, todo lo podía, y llega esto, con lo que no puedo hacer nada.

Yo rezaba, pero una parte de mí pensaba que era más por necesidad, por sentir que mi pensamiento dice que podría hacer algo, pero Mery he tenido momentos de crisis, de fe. ¿Por qué creo en Dios? Me preguntaba. Nadie podía responderme, ¿por qué le pasa esto a una joven de 26 años que nunca ha hecho nada malo? No entendía cómo al que hemos rezado y amado por encima de nosotros nos hace el mayor vacío que tenemos; mamá decía que nos faltaba fe..., pero yo dejé de creer porque no era un escudo en el que confiara.

Perdí a Dios de mi vida, más bien, así lo sentí, luego, cabezona como soy yo, decidí que alejarme no tenía ningún sentido, si Dios nos ha unido, nos hará salir de esta, por eso te pedimos cada vez que vayamos a verte que confíes en él. No sé si escuchas, si nos escuchas todo lo que te decimos, pero solo sé que cada vez que entro doy inexplicablemente un paso atrás, me impacta, me impacta verte dolida, con cables, sin autocontrol..., verte así.

No sé gestionarlo, Mery, el llegar a casa cuanto más tarde mejor y aparentar normalidad, intentar suplir todo lo que tú hacías sin ningún sentido, porque en realidad no es que notemos que alguien no llena las botellas de agua, u ordena la nevera, o pone la calefacción... Lo que se nota es ese hueco vacío en la mesa a la hora de cenar, en esta inestabilidad familiar y ese pilar que nos sostenía a todos y ya no está.

Es difícil estar comiendo estos días y decir que somos seis en una mesa porque no estamos acostumbrados, no nos hacemos a la idea de ser cinco. Y te lo he dicho días atrás en tu box de REA, somos un equipo de seis, no nos puedes dejar y, efectivamente, has ido luchando, superando lo que los médicos decían, y milagro, el milagro del Clínico... Estoy positiva, esperanzadora y fuerte, pero este desgaste sé que va a salir y no podemos aguantarlo mucho más.

En cuanto pienso en el gran paso que llevamos, vuelvo a pensar en lo mucho que nos queda, en el estado crítico en el que sigues y en el largo proceso que nos queda, y es que, de verdad, no tenemos fuerza.

Se dice que Dios no da una cruz que no puedas cargar y por ahora la estoy cargando, pero no gracias a mí, gracias a todas las personas que me ayudan a cargarla porque si no fuera por ellos sé que esta cruz se me quedaría grande.

Me da miedo la familia, intento ser positiva y confiada en todo lo que me va sucediendo, pero llega un médico que te da un cambio a todo y ese intento de estabilidad se me derrumba y no puedo hacer nada.

Siempre he sido yo la hermana «fuerte», la que no sentía dolor físico, la que peleaba y tenía genio, pero sin duda eres mucho más fuerte que yo, te estás superando con esfuerzo y plenitud, así que gracias por ser un ejemplo un día más. Busco dejar atrás remordimientos y culpabilidades porque sé que no hacen bien, pero este vuelco que nos ha dado la vida ha variado toda nuestra realidad en cuestión de segundos.

Cuando te vi desplomada y te llevamos al hospital con mucha velocidad, en mis brazos, sentí miedo, y mucho, pero nunca hubiera imaginado que sería la última vez en mucho tiempo que te tocaría sin guantes, que te tendría a menos de un metro y que podía abrazarte sin cables de por medio.

Siento miedo, Mery. Y, por mucho que intente hablarte por redes sociales con la esperanza de que lo veas dentro de poco, es un proceso largo que llevamos cargando. Aunque creamos que no podemos, sé que los Sebastiá Rangel, juntos, podemos cargar mucho más, pero por favor, Mery, lucha mucho tiempo más y danos esperanza.

Una simple sala de espera, cada hora con la incertidumbre de qué noticias tendremos, de si estás viva o no... De verdad que quien tenga hermanos intente ponerse en el papel..., en el papel de que te digan que te tienes que despedir de tu hermano en cuestión de segundos.

Gracias a Dios, das pasitos que confío llevarán a un fin bueno.

Te necesito como el aire para respirar como una hermana a otra, como una persona a su alma gemela.

Te quiero mucho, Meryland, ayúdame.

¿Cómo se puede dejar de tener al lado a tu compañera de vida?

Patri

4. UN LARGO CAMINO DE LUCHA EN COMPAÑÍA

Mi estado sigue agravándose, mi familia lucha como sea para seguir manteniendo la esperanza viva. Dado mi estado crítico, mi madre ha hablado con el superior de los marianistas de España, Iñaki Sarasua SM, para comenzar una novena al padre Chaminade, el fundador de los marianistas, los religiosos de mi colegio, con el fin de que, por su intercesión, consiga despertar y curarme.

Empieza la novena el día 5 de enero, pues mi estado ese día es crítico, no se puede esperar más. Se comienza a hacer la novena en todas las comunidades marianistas de la provincia de España. Mis padres, hermanos y familia acuden el primer día a las 20:00 a la capilla de Faustino del Colegio del Pilar de Valencia, una capilla pequeña, como para cincuenta personas, pero, para su sorpresa, está abarrotada de gente y se trasladan a la iglesia del colegio, con mucha más capacidad.

La iglesia del Colegio del Pilar se llena de gente todos los días. Mis padres y hermanos salen del Hospital Clínico para llegar a las 20:00 y unirse a la oración. En el altar hay una foto mía, otra de mi familia y otra de Alejandro. Todos los días se canta la canción *Huracán*, de Hakuna, cuya letra dice:

Me he hecho tantas preguntas
intentando entender.

Me he lanzado a buscarte
sin saberte ver.
Me he asomado al abismo,
me he atrevido a saltar y caer.
Y un huracán
romperá el cielo desde mi garganta
gritándote: «¿Dónde estás cuando me haces falta?».
Estoy aquí, en el silencio,
estoy aquí, en este viento,
estoy aquí, soy este trozo de pan,
estoy aquí, en tu lamento,
estoy aquí, en este eco,
estoy aquí, soy este trozo de pan.

Aunque yo no la puedo oír, la canción *Huracán* siempre me ha encantado, por eso mi familia, cuando entra en REA a verme, siempre me la pone. También en la novena que se hace en el Colegio del Pilar se lee una lectura de un Evangelio, siempre relativa a una curación de Jesús. En el cartel de la novena, figura la expresión «talitha qumi» que procede de la curación y resurrección de una niña, que se narra en el Evangelio de san Marcos (5, 38-43):

[38]Llegan a casa del jefe de la sinagoga y encuentra el alboroto de los que lloraban y se lamentaban a gritos [39]y después de entrar les dijo: «¿Qué estrépito y qué lloros son estos? La niña no está muerta; está dormida». [40]Se reían de él. Pero él los echó fuera a todos y, con el padre y la madre de la niña y sus acompañantes, entró donde estaba la niña, [41]la cogió de la mano y le dijo: *Talitha qumi* (que significa: «Contigo hablo, niña, levántate»). [42]La niña se levantó inmediatamente y echó a andar; tenía doce

años. Y quedaron fuera de sí llenos de estupor. [43]Les insistió en que nadie se enterase; y les dijo que dieran de comer a la niña.

La verdad que el caso de la hija de Jairo era parecido al mío, de ahí que «talitha qumi» ('levántate, niña'), como símbolo de mi resurrección, sea un mantra que repetimos ahora en mi familia muchas veces.

Todos están unidos en la oración con un mismo deseo, y es mi curación.

Son días de mucha preocupación, mi estado sigue siendo de extrema gravedad, todos continúan acudiendo y suplicando a Dios mi curación, y mis padres y hermanos se ven reconfortados por tanto cariño. Dios escuchará la voz suplicante de tanta gente, seguro que sí, eso los reconforta. En muchas parroquias de diversos lugares también se forman grupos de oración para que me cure.

¿Quién soy yo para que tanta gente rece por mí?

Mi madre ha escrito una carta a los religiosos marianistas para agradecerles la novena el 16 de enero de 2023:

Queridos hermanos de la Compañía de María:

Durante estos días he compartido sentimientos con algunos de vosotros, pero hoy quería dirigirme a todos vosotros. Han pasado 17 días desde ese día en el que mi vida dio un vuelco. Yo que creía que lo tenía todo controlado en la vida, un buen marido, 4 hijos maravillosos, estudiosos, buenas personas y con brillantes futuros profesionales, una familia marianista a la que amo y me ama... En cuestión de unos segundos me dicen que mi hija María se muere. Durante estos 17 días ha habido varios momentos en los que nos hemos preparado para despedir a mi hija, y eso duele mucho. Durante estos días he sentido desesperación, me he rebelado a lo que me estaba pasando, vacío interior. Pero pienso que son los sentimientos fruto de la fragilidad y la vulnerabilidad que muchas veces nos acompañan. ¿Cómo me siento ahora? Siento miedo hacia un futuro incierto, porque mi hija sigue en coma, sin saber sus posibles daños cerebrales. Pero no me siento vacía. Siento dolor, pero me siento llena de Dios. Sentir dentro de mí a un Dios que es Padre, sufriendo con nosotros, acompañándonos, sentir cómo nos lleva en sus brazos me da una inmensa paz. A veces, cuando uno dice que en la cruz está la salvación del mundo, piensa cómo puede ser eso, pero yo lo he vivido y eso es una realidad. La cruz que estoy viviendo es una cruz dura, porque es la vida de una hija, pero en mi camino al Calvario hay muchas Verónicas, muchos Cireneos, muchos que junto a María al pie de la cruz me acompañan. He abrazado con vosotros la cruz y os reconozco que me ha sanado, que esa cruz que es Amor, abrazada desde el amor es una bendición. Mi vida, a pesar del dolor por mi hija, es una bendición, porque Dios ha tocado el corazón de cada uno de los de mi familia, y de la familia marianista, porque nos ha hecho sentir que somos una gran familia marianista, un solo corazón y una sola alma, que el tiempo es el aquí y ahora. El milagro del Padre Chaminade ha sido fortalecer la fe de muchos, darnos cuenta de que en la cruz está el amor de Dios, sentirnos familia, darnos cuenta de que la vida es el día a día, de que a veces sobran los programas y proyectos, de que lo único que hay que hacer en esta vida es amar y ser amado, y así vivir dando gloria a Dios. Cada día es un nuevo día para cada uno de nosotros, y está lleno de esperanza, de agradecimiento por la vida. Nos toca descubrir cómo en lo cotidiano de cada día podemos dar gloria a Dios. Os quiero, hermanos. Seguimos unidos en oración. Gracias a todos por vuestras oraciones. Seguid rezando por mi hija María y por mi familia.

Herminia

Los días pasan y yo sigo dormida. Los médicos están muy preocupados por el hecho de que yo no me despierte. El hecho de que yo siga en coma después de tanto tiempo ha generado mucha desesperanza entre ellos.

Mis padres y mis hermanos están todo el día sentados en las sillas del pasillo de REA. Ahora les han ampliado el horario de las visitas, por lo que pueden estar más rato conmigo. Cuántas cosas me cuentan... Se hacen los fuertes cuando entran a verme por si yo veo u oigo algo, pero yo continúo en coma y ellos siguen destrozados.

El 16 de enero de 2023 mi hermana Patri vuelve a escribir:

Por algo Dios ha querido que seas tú. Tu dulzura, sencillez, humildad, esfuerzo, valentía, positividad...

Dios ha querido que pases, que sigas, que luches. Carlos F. nos dijo que esto era una carrera de fondo con muchas vallas; a lo que Pablo respondió que nosotros estábamos cayendo en todas las vallas, porque sí, las malas noticias eran constantes y llegué a sentir el corazón roto... Sentía dolor en el pecho, un dolor que se asociaba al no poder sentir más sufrimiento, no podíamos más. Y es cierto, hemos tropezado mucho, pero en toda carrera sea cuando sea, se acaba la carrera y es que es eso, esto debíamos superarlo, sin importarnos si éramos el primer puesto o no, todas esas vallas iban a ser superadas. Dios te ama, lo sé y a todos nosotros, tiene un plan para ti, un plan que ya ha empezado desde hace mucho y del que tú no te has dado ni cuenta. Has iluminado los ojos de muchas personas, has abierto sus corazones y pensamientos, has llevado fe donde la razón no la aceptaba y has conseguido enseñar sin ser consciente. Sigo creyéndolo, la vida da golpes, no solo golpes, la propia vida te deja en el suelo y te machaca, pero es la misma que te pone gente que te da la mano en esos momentos. Estamos bien, estamos ansiosos de tu mejora, de superar esta carrera; y quién me diría que este sufrimiento es un regalo. No todos tienen suerte, no todos han podido ser arropados en brazos de Dios y de la vida. Hace poco recordé cuando te dije que tenía novio, que me quería cambiar de carrera, que me había enfadado con X, siempre tú, la primera de nosotros. Y, después de todo, sigues siendo la primera a la que quiero contarle todo, y es que he callado tanto que no me sale ya ni cómo hacerlo. Ahora toca seguir, Mery sigue siendo inspiración y ejemplo día a día. Un día más me voy a dormir soñando con el día de mañana e intentando soñar para evadirme.

Patri

La gente se sigue reuniendo en la capilla del colegio para rezar por mi curación, el silencio es impresionante, Dios se hace muy presente en esas oraciones. Mi familia siente de corazón el cariño de la gente, el sufrimiento y dolor desgarrador compartido de tanta gente que me quiere, que nos quiere, familia, amigos. Se respira a Dios, el Espíritu Santo flota en cada una de las oraciones, tal es la sensación de paz y esperanza que se respira que muchos amigos nuestros, incluso agnósticos o ateos, siguen yendo al colegio a las oraciones, al principio en la novena y luego a la oración que se hace todos los miércoles en el Colegio del Pilar.

Unos amigos han escrito testimonios sobre lo vivido en la novena que se hizo por mi curación:

> Cuando me enteré de la noticia, recuerdo un inmenso dolor. Mi corazón estaba con María y con Luis, Herminia y su familia.
>
> El día 5 de enero de 2024 se inició una novena en la Iglesia del Colegio del Pilar al beato Chaminade para la curación de María.
>
> El dolor de la incomprensión y del sufrimiento de los que quieres se vio mitigado por un intenso sentimiento de comunidad que curaba el alma. Vernos allí a todos unidos, en silencio, en oración me fue transformando, me fue dando Fe en el inmenso poder de la oración.
>
> Recuerdo preguntándome por la injusticia. Fue un sentimiento que surgió desde el primer momento. Por qué a ellos, una familia tan comprometida y querida en el colegio y de repente esta cruz. No lo entendía.
>
> Probablemente, por mi falta de humildad, me cuesta dejarme ayudar y eso hace que tampoco sepa muchas veces cómo acercarme al que sufre. Herminia y Luis lo pusieron fácil, en medio de su inmenso dolor allí estaban, tras cada oración dejándose abrazar por todos nosotros, compartiendo la cruz, llorando juntos. Los abrazos que nos dimos los sigo llevando grabados. Son lo que queda cuando no hay palabras, en ellos nos hermanábamos.
>
> Empezamos la novena para la canonización del beato Chaminade para la curación completa de María, en un momento crítico de María, uno más, parecía que no íbamos a llegar ni a empezarla. Pero cada día nuevo que nos vol-

víamos a encontrar era un pasito más de esperanza que se fue haciendo fuerte entre todos.

El sentimiento de angustia inicial fue dejando paso a una paz interior y a un abandono a la voluntad de Dios que creo que era general en la comunidad. No entendíamos nada, por lo menos yo, ni teníamos ni idea de lo que iba a pasar, a cada día de buenas noticias seguía uno de fatales. Pero nos abandonamos a Su voluntad y allí permanecimos. Unidos en la Fe, juntos en la oración por María.

Y aquello fue un milagro, sentir a esa comunidad orante tenía una fuerza indescriptible. Yo me sentía parte de algo grande, de un amor inmenso, de una Fe candente que impregnó nuestros corazones. Cuando hablo de comunidad no es de una comunidad concreta, sino de los que allí nos uníamos por María.

Como decía al principio, para mí esta vivencia ha supuesto una Fe más fuerte en el poder de la oración, en la comunidad y en lo que está fuera de mi entendimiento. Una nueva lección de la vida y de Dios de que no podemos hacer planes y de que no sabemos nada de nada. La voluntad de Dios está tan fuera de nuestro alcance que intentar comprenderla es absurdo, solo resta vivir amando con esperanza, como hicieron la familia de María.

En lo exterior fue una experiencia de comunidad muy transformadora para todos lo que la vivimos. A las oraciones acudía muchísima gente de distintas procedencias, pero una vez allí todos éramos uno.

Vivir esa experiencia de Fe comunitaria nos ha transformado a muchos. Allí estábamos todos rezando al padre Chaminade para que por su intercesión se curase María.

Y ocurrió, unos días después de acabar la novena, el mismo día del beato Chaminade el 22 de enero de 2023,

María despertó. Y desde entonces se fueron encadenando las buenas noticias, cada vez más consciente, la recuperación cada vez más rápida, hasta aquella última oración de Acción de Gracias, de nuevo con la iglesia llena y en la que la propia María dio las gracias en persona. Lloramos, pero ya no de rabia o pena como al principio, ahora de agradecimiento y de alegría. Se cerraba un círculo.

Lo que se vivió en el colegio fue único, una intensidad de oración, de comunidad, de Fe, que nos unió a todos en uno.

Una familia que se ha desvivido por el colegio marianista, con una profunda Fe y una vocación comunitaria al estilo mariano del beato Chaminade. Que ante la mayor desgracia de sus vidas se encomiendan al beato Chaminade y con ellos todos nosotros. Una vivencia de Fe conmovedora y transformadora en la que cientos de personas, conocidos y desconocidos, nos hacemos uno en la oración.

En mi corazón solo puedo dar gracias a Dios por lo ocurrido, lo vivido.

Estoy seguro de que es algo del Espíritu Santo lo que vivimos durante la novena. Cientos, sí, cientos de personas en tanto silencio y recogimiento, tanta gente distinta, ese sentimiento de desear seguir yendo a rezar todos los días, jóvenes impactados a nivel espiritual, personas con poca o nada de fe desconcertados por una fuerza atractiva que no conocían, tantos corazones removidos, una comunidad tan unida... Y en medio de ella, sentados en el mismo banco, la familia Sebastiá Rangel al completo. Verlos allí fue una sorpresa y una lección de vida para mí. No sabía que acudirían. No quisieron vivir solos en la intimidad familiar la agonía de acompañar a su hija moribunda, sino que lo compartieron con toda la comunidad. Conmovía verlos, pero ayudaba a centrar la oración, todos éramos a la vez partícipes y testigos. Luego, al terminar las oraciones, charlaban con todos nosotros, nos abrazaban, reían y lloraban. Fue todo un ejemplo para mí de fe, de fe en Dios, de fe en el poder de la oración, de fe en la valía de ser miembro de una comunidad.

La oración fue un grito de súplica: «¡Talita Cum! Sí. María, ¡despierta!».

Y María se despertó y lo hizo el día del padre Chaminade, 22 de enero, dando respuesta a nuestra oración. ¿Coincidencia? ¿Milagro? María ha seguido evolucionando en su curación y, cuando la veo, observo a una joven feliz y alegre, una persona en paz tocada por Dios, un testimonio de vida. María Sebastiá es como la protagonista de un capítulo de las escrituras en las que Jesús cura a un enfermo del siglo XXI. María es una elegida de Dios. Su curación y todo lo que sucedió durante aquella novena han dejado una profunda huella en mí, han incrementado mi fe en la oración y en la comunidad.

En el plano comunitario la novena fue una experiencia trasformadora sin lugar a dudas. No sabíamos si María se despertaría, ni cómo ni cuándo, pero éramos conscientes de que estábamos viviendo algo muy especial, un momento único, y que, a pesar del dolor de la familia, había luz y esperanza, nos alegrábamos de estar allí y agradecíamos ser testigos de ello.

Lo que vivimos durante esos nueve días no se puede explicar con palabras, pues descubrimos emociones que nunca antes habíamos sentido. Era entrar en la iglesia y sentir erizarse el vello de los brazos. Recuerdo perfectamente como en diferentes ocasiones pronuncié esta afirmación: «El primer milagro ya se ha producido, ahora solo falta el segundo, la recuperación de María». Con estas palabras quería expresar lo asombrado que estaba al comprobar día tras día que la iglesia se llenaba de personas con fe y esperanza, creyendo de verdad que la oración compartida podía ser escuchada por el Padre gracias a la intercesión de Chaminade. Fue increíble comprobar cómo la Comunidad de fe del Pilar se reunía para perseverar en la oración y así también acompañar a la familia Sebastiá Rangel. A pesar de lo delicado del momento, sé que todos los que participamos de esta novena disfrutamos de una experiencia única, gracias a la confianza, al silencio, a las oraciones preparadas con tanto amor y al comprobar que era algo que reconfortaba a la familia de María. Nos sentimos verdaderamente unidos en la oración, tanto los que participamos directamente de la novena en la iglesia del colegio como los que siguieron la novena en distintos puntos de España y del mundo (Cuba, Francia, Italia...).

Me gustaría destacar otro momento que fue extraordinario y en el que el Espíritu Santo sopló de una forma especial: toda la comunidad educativa del colegio Ntra. Sra. del Pilar (alumnos y profesoras de infantil, primaria, ESO y bachillerato, así como las personas de administración y servicios) fuimos convocados a tener un encuentro para rezar por la recuperación de María. Se consiguió un silencio y una escucha en el patio del colegio, al pie de la Virgen, que nadie recuerda nada igual. Con esto quiero destacar cómo toda la comunidad colegial, incluidos los niños, adolescentes y jóvenes junto a sus profesores, fuimos conscientes de que mediante la oración podíamos ayudar, la oración se convirtió en nuestra mejor aliada ante una situación dolorosa.

Sinceramente creo que habrá un antes y un después para la comunidad de fe del Pilar gracias a la recuperación de María, que, por cierto, está siendo un ejemplo para todos por su esfuerzo, serenidad y alegría.

5. EL DESPERTAR

Por fin empiezan a llegar mensajes más esperanzadores, les han dicho a mis padres que el lunes 16 de enero voy a salir de REA y me van a llevar a planta, a una habitación. Sigo en coma, pero mi familia está emocionada, un primer pasito, estar en una habitación donde me puedan acompañar todo el día. Durante el fin de semana se han vuelto a complicar las cosas y finalmente no me suben a planta, vuelvo a tener fiebre y temen que pueda ser otra infección; toda la ilusión que tenía mi familia se ha ido al traste. El jefe de servicio de REA ya nos dijo que cualquier evolución va a ser siempre con subidas y bajadas, tanto es así que el propio doctor de REA, al día siguiente, 17 de enero, les da a mis padres por primera vez un mensaje positivo: «Esto va a ser muy largo, pero María se podrá recuperar». ¡¡¡Por fin!!!

Como me han estabilizado, por fin el 18 de enero he salido de REA y me han pasado a la habitación 418 del pabellón C del Clínico, pero sigo dormida, sigo en coma. Para mi familia es un notición, aunque les siguen diciendo que, si surge cualquier complicación, mi vida sigue corriendo peligro. Pese a todo, el hecho de ir a planta es muy buena noticia.

Ahora en la habitación ya puedo estar con mi familia todo el día, ¡qué maravilla! Mis hermanos vienen a verme a diario y están horas conmigo. Ahora todo es más cómodo porque pueden venir en cualquier momento del día.

Me han decorado la habitación con flores, estampas, fotos. Parece que este va a ser mi nuevo hogar por una temporada. Por ahora no compartiré la habitación con ninguna otra enferma porque llevo tantos tubos y estoy tan delicada que quieren evitar infecciones.

Hoy es 22 de enero, día del padre Chaminade, fundador de la Compañía de María, de los marianistas, en cuyo colegio yo he estudiado. Como todos los días, mis hermanos vienen a estar conmigo, me ponen canciones, me cuentan cosas de mis amigas, pero yo no los oigo ni reacciono.

Son las 21.00 y mi madre está conmigo en la habitación. Comienza a hablarme como todas las noches y yo, aunque aún no puedo emitir sonidos, empiezo a escucharla y a responderle con el dedo. Con el movimiento de la boca le contesto que no cuando me pregunta si me duele algo. Por fin he vuelto a conectar con el mundo, sé que mi familia ha estado muy asustada, pero el primer paso ya lo he dado: he comenzado a salir del coma y a escucharlos.

Mi madre está impresionada, tanto que envía un vídeo a mi padre y a mis hermanos, que están en casa, y hace una llamada grupal por WhatsApp. ¡Qué alegría tienen todos; estoy despertando! ¿Los reconoceré? Toda mi familia está superemocionada.

No puedo hablar y siento dolor en la parte derecha del cuerpo, que está paralizada. No sé qué me ha pasado, estoy llena de tubos y muy desconcertada. En la cabeza tengo un tubito que me ayuda a drenar el líquido que tengo en la cabeza porque los ventrículos no me funcionan bien. Todos los días me miden el líquido que dreno, aún tiene un color rojo porque en la cabeza queda algo de sangre. Los médicos piensan que con el tiempo drenaré por mí misma y así podrán quitarme el tubito. Respiro por un agujero en la garganta, la traqueostomía, y me alimento a través de una sonda por la nariz, pero los oigo y, aunque hay cosas que me dicen que no entiendo, sí sé quiénes son y los quiero. No puedo hablar, pero sé que estoy viva, que conozco a mi familia; siento lo cerca que están y todo lo que me quieren.

Por las mañanas pasa un fisioterapcuta para intentar que mueva la pierna y el brazo derecho porque no siento ninguno de los dos. El fisio intenta todas las mañanas estirarme los dedos de la mano, pero no lo consigue; están agarrotados, la verdad es que siento dolor y miedo porque no sé si llegaré a mover la parte derecha del cuerpo. No sé por qué no puedo moverlos, no sé lo que me ha pasado, pero sí sé que tengo que esforzarme mucho y trabajar duro para recuperar la movilidad de la parte derecha. Sé que me queda un largo camino de mucho esfuerzo. Tampoco consigo respirar por mí misma, estoy conectada a un respirador. Cuando me operaron, me hicieron una traqueotomía para que pudiese respirar por ahí, es superincómoda, no puedo hablar y, encima, a veces se me llena de mocos que me tienen que aspirar. Me ponen un aerosol para mejorar la respiración, pero, pese a ello, hay momentos en los que siento que me ahogo. Es verdad que me animó el despertar, pero sé que va a ser un camino muy duro. Qué rabia que no pueda decir lo que siento ni hablar con mi familia. Bueno, sé que, como he hecho toda mi vida, tengo que ser la María luchadora de siempre: perseverante y resiliente.

Sigo alimentándome por una sonda nasogástrica, qué rollo. Los médicos también quieren quitármela para que empiece a comer porque, si antes pesaba poco, ahora debo estar por 36 kilos, pero para eso mi cuerpo tiene que responder. Aunque han venido a ayudarme a tragar por mí misma, que es el paso necesario para que me puedan quitar la sonda, no lo estoy consiguiendo. Me cuesta entender cuando me dicen que abra la boca, que trague. ¿Qué es «abrir la boca»? ¿Qué es «tragar»? Me hablan y hay muchas cosas que no les entiendo, como si todo aquello fueran elementos abstractos que no consigo relacionar. Me van a mantener la sonda para comer y sigo también con goteros. Me han puesto una PICC (una sonda que se introduce en el cuerpo a través de una vena), pero me ha dado flebitis y me la han cambiado de brazo, me duele todo el cuerpo. Tengo los brazos tan doloridos que ahora me han puesto un gotero en una vena del pie.

Como los días van pasando y siguen sin funcionarme los ventrículos, los médicos han decidido quitarme el tubito del drenaje de la cabeza y ponerme una válvula de derivación. ¡Qué rabia, otra operación! Pero la válvula que me van a colocar para drenar el líquido cefalorraquídeo es mejor que el drenaje externo; va a evitar que pueda coger infecciones.

Mis hermanos se han puesto en modo dinámico: todos los días vienen a verme con muchas actividades y me cantan canciones, me cuentan cosas. Por lo menos puedo seguir la música moviendo el brazo izquierdo. Mi vida empieza a recuperarse un poco. Vienen muchas amigas a verme, me cuentan sus novedades, me enseñan fotos que me hacen recordar tiempos anteriores. ¡Cuántas horas pasan a mi lado cogiéndome la mano...!

Tengo mucho dolor, ¿hasta cuándo va a durar? ¿Recobraré mi vida de antes? Tengo toda la habitación decorada con un mural de cartulina que me han hecho mis hermanos, decenas de flores y estampas de multitud de santos, rosarios, recuerdos religiosos de Medjugorje, la Virgen Milagrosa, la Virgen del Pilar y muchas más: la habitación 418 del hospital parece un altar. Qué bien me hace tanto cariño, tanta oración por mí. Eso me da fuerza y lucho por mantenerme así, animada y esperanzada.

Ya estamos en febrero, cada vez entiendo más lo que me dicen, comienzo a decir alguna palabra, no sé llamar a mi familia por sus nombres, pero sé quiénes son y eso me basta. La parte derecha sigue paralizada y aún me alimento por la sonda nasogástrica. La mano y el pie derechos no tienen una postura natural, no entiendo por qué. Me ponen una bota ortopédica para corregir esa posición, pero no puedo ni dormir del dolor que me provoca, al final mc la acaban quitando por lo incómoda que es.

Cada vez estoy más activa, me han traído a la habitación mi móvil, empiezo a poder hacer alguna cosa con él, he buscado fotos de mi perro, Lucas; me he hecho un selfi con Alejandro, buena señal.

El 6 de febrero, muevo por primera vez la pierna derecha, ¡qué bien! Ya no tengo todo ese lado como muerto, solo he podido flexionar la rodilla, pero es un buen inicio y dos días después he salido por primera vez de la habitación, con silla de ruedas y con los goteros. He ido con mi padre, Patri y los neurocirujanos a la pasarela que une los pabellones del Clínico, he visto la luz, los coches pasar, desde hace cincuenta días no me he movido de REA y de la habitación 418. Encima, va a venir hoy mi perro a verme, ¡qué ilusión! Mis padres han pedido permiso para poder bajarme a la calle para verlo. Lucas estaba todos los días en mi habitación mientras yo estudiaba, por lo que lo echo de menos. He bajado a la calle en silla de ruedas y con un montón de goteros, aun así, se ha lanzado sobre mí y me lo han puesto en las piernas.

Mi cabeza empieza a reaccionar, voy pensando, el móvil me ayuda, aunque no puedo hablar. Busco cosas en el móvil, me meto en la página web de la oposición a jueces, veo fotos de Lucas, le señalo a mis padres para que feliciten por WhatsApp a un amigo... De repente me acuerdo de que lo que ocupaba todo mi tiempo antes del derrame era la oposición. Hoy me han acercado el móvil y me he dado cuenta de que estamos en febrero, sé que en febrero de 2023 era el primer examen. Pero como no sé en qué día estamos, aún tengo la esperanza de poder presentarme. Veo en la página web de la oposición que es el 19 de febrero, pero no sé cuánto tiempo llevo ingresada en el hospital. Voy a preguntar a mis padres porque a lo mejor me puedo presentar. Me dicen que la semana pasada fue el examen. Mi oportunidad ha pasado. Evidentemente aún no me doy cuenta de la realidad porque yo pienso que han pasado solo unos días y que en breve podré presentarme a ese examen, pero el primer revés, la primera limitación de mi nueva vida se ha producido: el examen, y la propia oposición, han pasado y ya no volverán. Me pongo a llorar: tanto esfuerzo de tantos meses y no he podido ir al examen. Mi madre ha llamado a mi preparador, Gonzalo, que en enseguida ha venido a verme para consolarme y me ha dicho que podría examinarme más tarde. La verdad es que es una mentira piadosa para que me anime.

Los días pasan, sigo sin poder comunicarme y sin mover la mano derecha, me pregunto si volveré a andar y a hablar. Lo de no poder presentarme a la oposición ha sido muy duro, pero no poder andar o hablar nunca más sería terrible.

6. DEL HOSPITAL CLÍNICO AL HOSPITAL VIRGEN DEL CONSUELO

Hoy es 22 de febrero, otro día 22 muy importante en mi vida, el inicio de una nueva etapa: me trasladan de hospital, es el momento de empezar mi rehabilitación. Antes de salir del Clínico me han quitado la maldita sonda nasogástrica y, como aún no puedo comer por la boca, los médicos han decidido ponerme una gastrostomía en el vientre, una PEG, un tubo en el estómago por donde comer a partir de ahora. Encima tengo una infección estomacal y tiro toda la comida, nuevas contrariedades, a seguir luchando. La PEG me está dando problemas porque me hace sangrar y me molesta.

La gran noticia es que me han cambiado la traqueostomía y puedo decir alguna palabra, esta nueva traqueo es más cómoda, pero a veces sigo sintiendo que me ahogo. La verdad es que estoy feliz de poder emitir sonidos, aunque es verdad que lo que digo suena a veces a ruso, otras a italiano y una pocas veces digo algo que se parece al español, pero, bueno, espero que podré ir mejorando. Me da pena no poder expresar lo que quiero decir. Lo positivo es que mi memoria está intacta: recuerdo toda mi vida y a todas las personas. El problema es poder hablar, poder decir lo que pienso.

Los médicos nos han dicho que hoy nos van a dar el alta en el Hospital Clínico. Nos remiten a otro hospital y, como mis padres han estado viendo sitios donde seguir con la neurorre-habilitación, nos trasladamos al Instituto de Rehabilitación Neurológica (IRENEA), en el Hospital Vithas Virgen del Consuelo, en Valencia, que es el que han elegido mis padres. ¡¡Qué buena señal!! Como dicen los médicos, eso es porque ya estoy estabilizada y debo comenzar la recuperación. Mis padres están preocupados porque les han dicho que tengo lesionada la parte del lenguaje y la movilidad, no saben si llegaré a andar y a hablar, pero todos están contentos con que comience la rehabilitación. Tengo sentimientos encontrados: por un lado, alegría de poder ir a un centro de rehabilitación donde pueda recuperarme, pero, por otro, siento miedo de abandonar el Hospital Clínico, mi habitación 418. Aquí he estado dos meses muy cuidada, recuerdo con tanto cariño a los médicos, enfermeras, auxiliares, mis fisios… Cuánto cariño me ha dado, siempre pendientes de mí.

¿Cómo será esta nueva etapa en IRENEA?

Estamos esperando en la puerta del Clínico, qué frío. No llega la ambulancia, me da tiempo a pensar en este nuevo cambio. Me voy de un sitio que ha significado el revivir, donde he estado tan cuidada, a otro lugar que no sé cómo será. Aprovecho para recordar todos estos cincuenta y cinco días en el Clínico. La habitación 418 ha sido mi casa, ha sido un reflejo del amor y del cariño de tanta gente: médicos, enfermeras, auxiliares, fisios y tantos otros; tanta gente pendiente de cuidarme, de ayudarme para que me recuperase.

Qué precioso es el vídeo que me han hecho de despedida las enfermeras y los médicos del Clínico, y qué bonito el mensaje que han incluido: «María, tú puedes con todo. No hay límites». Me conocen bien porque a mí a luchadora no me gana nadie. Mi amigos, mi familia, mis profesores del colegio… me han hecho otro vídeo de más de una hora, me emociono cada vez que lo veo.

Ahora toca recoger toda la habitación: fotos, flores, estampas... Mis hermanos y amigos lo están haciendo, pero, bueno, siempre soy positiva y seguro que en el Hospital Vithas Virgen del Consuelo voy a estar bien.

Acabo de llegar al Hospital del Consuelo con la ambulancia, estoy ingresada en la cuarta planta, otra vez la cuarta planta, pero esta vez en la habitación 421. Qué ganas de volver a mi casa, pero aún sigo con la traqueostomía y me alimento por la PEG.

Todos los días tengo que bajar a la planta segunda del hospital, que es donde está IRENEA, el centro de neurorrehabilitación.

Ya soy consciente de todo, voy viendo mis limitaciones, pero mi familia siempre me dice que «no hay límites», como en el mensaje de los sanitarios del Clínico. Sé que comienza una dura etapa de esfuerzo, pero tengo plena esperanza en que me recuperaré. Mi familia y mis amigas vienen todos los días a verme. Todas las tardes, cuando termina la rehabilitación, subo a mi habitación, que siempre está llena de amigos. A veces me cuesta entender todo lo que dicen, pero me siento contenta de tantas visitas. Mis hermanos me traen juegos para ver si puedo jugar, y siempre canciones y música. Un religioso marianista viene siempre a hacer un rato de oración conmigo. Tanta y tanta gente pendiente de mí... Qué suerte tengo de tener tanto cariño, hay gente que está en el hospital sola.

Ya he conocido a mis compañeros de rehabilitación, algunos también duermen en la misma planta que yo. Hay muy poca gente de Valencia, muchos vienen de pueblos cercanos o algunos de ellos son de otras ciudades, por lo que están solos con la persona que los acompaña, sin conocer a nadie más. A veces hasta que no vives una situación así no eres capaz de darte cuenta de la importancia de estar acompañado, la importancia del cariño.

Mi familia ha vuelto a decorar la habitación, la verdad es que ha quedado superbién: muchas fotos grandes mías, de mi familia, de Alejandro. También hay en mi habitación una pizarra, tipo Vileda, donde cada día hago poner el nombre a todos los amigos y familiares que vienen a visitarme. Yo apenas puedo hablar, pero siempre tengo un hermano cerca para que traduzca lo que quiero decir.

En mi nueva vida en el Consuelo, me levanto temprano, mi madre me viste y me baja a la segunda planta, donde está el centro de rehabilitación de daños cerebrales, IRENEA. Me han puesto sesiones de logopedia, taller ocupacional, fisioterapia y un neuropsicólogo.

En el centro me han dejado una silla de ruedas para que pueda desplazarme a la segunda planta porque no puedo andar, qué sensación tan rara, tener que depender ahora a mis veintiséis años de una silla de ruedas. Me cuesta mantenerme sentada en la silla de ruedas porque en el Hospital Clínico estaba tumbada todo el día y no tengo nada de musculatura para mantenerme erguida. Consigo aguantar en la silla de ruedas un par de horas. Es una silla especial que me sostiene el cuello porque tampoco soy capaz de mantenerlo recto.

Como estoy recién llegada, las primeras semanas solo bajo un par de horas al día a la planta 2, a rehabilitación, pero me irán incrementando las sesiones de trabajo poco a poco. Cuando bajo a la planta de rehabilitación, esperamos en la puerta todos antes de entrar. Es una situación curiosa, yo le llamaría cruce de miradas porque nos observamos todos los pacientes y familiares, miradas de dolor, pero también de esperanza. Al mediodía mi madre me saca con la silla de ruedas a una cafetería para que me dé un poco el sol. Ya estamos en marzo y la primavera se deja sentir. Las semanas van pasando y voy poco a poco avanzando en lo físico y en lo cognitivo. Mi habitación sigue abarrotada todas las tardes de amigos, familia, y la verdad es que me dan mucho ánimo. No obstante, sigo en silla de ruedas y sin poder comer por la boca. Ya me voy adaptando a mi nueva vida en el Consuelo, aunque de vez en cuando me toca visita al Hospital Clínico, mi antigua «casa».

Hoy he ido con una ambulancia al Clínico porque seguramente me quitarán la traqueostomía, estoy nerviosa. ¿Al final conseguirán quitármela y podré volver a respirar por la nariz? Realmente llego asustada, allí me encuentro con el cirujano y su equipo, eso me tranquiliza algo. Me llaman y ya tengo que entrar a quirófano, ¡qué miedo! Comienzan a quitarme la cánula de la traqueostomía y empiezo a sentir el tubo. Noto que me ahogo, que no puedo respirar, no me lo puedo creer, con todo lo que estoy pasando y ahora esto. Al fin, recupero el aire y ya no tengo traqueostomía, ¡¡¡bien!!! Sigo hablando bastante mal, pero por fin he dado un paso adelante, regreso al Hospital del Consuelo sin traqueostomía, esto me hace más fácil emitir sonidos, respirar por la nariz, empezar a pensar en tragar, en comer de forma natural por la boca. Tengo disfagia, por lo que al principio no podré beber líquidos, me los tendrán que espesar. Aparecen en mi habitación unos botes de espesante que me van a acompañar algún tiempo. Se parecen a los de leche en polvo para alimentar a los bebés. Qué metáfora, realmente en algunas cosas soy como un bebé que ha vuelto a nacer: tengo que aprender a hablar, a andar, a comer.

Todos los días tengo clases con la fisio, que me hace ejercicios para que pueda doblar la mano y la pierna, poco a poco mis extremidades van cobrando musculatura. He conseguido, sujetándome con la fisioterapeuta, ponerme de pie, pienso que pronto lo lograré por mí misma. Mi logopeda me está enseñando a decir las partes del cuerpo (los ojos, las orejas, la mano, el pie...), los colores y las palabras más elementales. En el taller ocupacional también me ayudan a mover la mano derecha, a coger cosas, en definitiva, que pueda llegar a utilizarla.

Han pasado unos días y me han dicho que puedo comer natillas, me acaban de traer a la habitación unas de chocolate, qué maravilla. Me parece el mejor manjar sobre la tierra, pronto volveré a comer, sé que debo tener paciencia. Si miro hacia atrás, menudo cambio, por fin ya puedo comer, y a ver si así consigo engordar un poco porque sigo pesando menos de cuarenta kilos.

Ya estamos en Fallas, cerca del Consuelo no hay ninguna, pero ya se nota un poco que hay más ambiente. Aparece el solecito típico de esta época, que me sirve para coger un poco de color cada vez que bajo con mi madre a la calle. Mis padres están hablando para que pueda ir el fin de semana a casa y luego regresar al centro el domingo. Qué ilusión tengo, volver a mi casa, eso sí que sería la mejor noticia desde que tuve mi accidente cerebral. Pese a todo, a mis padres les da miedo que pueda surgir alguna complicación médica urgente y, como son las Fallas y están las calles cortadas, no pueda llegar a tiempo al hospital. Pero, bueno, al final iré a casa desde el sábado 18 de marzo al domingo 19, que regresaré al hospital.

Llegó el día, que emoción. ¡¡¡Me voy a casa, aunque sea solo por poco más de un día!!!

Cuando llego, mis hermanos me han puesto carteles de bienvenida en la puerta y globos por todos lados.

Qué felicidad cuando mis padres abren la puerta y puedo ver otra vez mi casa. Lucas ladra de alegría. Qué bonito me parece todo, qué sensación de hogar, de tranquilidad, qué maravilla estar en casa. Hoy es el último día de la ofrenda a la Virgen de los Desamparados, pese a todo lo que ha pasado, tengo ganas de dar gracias a la Virgen por estar viva. Me han bajado a la calle para que vea pasar a los falleros camino de la ofrenda. Estoy muy cansada, pero tengo ganas de verla. Voy en mi silla de ruedas y veo pasar a algunos amigos. Qué gusto salir a la calle, sentir el sol, saludar a los amigos, volver a hacer cosas «normales».

Es 19 de marzo por la tarde y debo regresar al centro. Qué rápido se ha pasado este día y medio que he estado en casa. Estoy contenta por todo lo que he vivido, pero también algo triste por volver al hospital. Pero, bueno, ya me han dicho que todos los fines de semana puedo regresar a casa. La primavera también está llegando a mi vida.

He comenzado un taller de comida en el centro donde dos días a la semana voy con otros compañeros. A mí me están dando solo purés, pero hay otros que toman cosas más sólidas. Me ilusiona pensar que dentro de poco podré comer como los demás, me han dicho que pronto me quitarán la PEG.

Ya ha llegado el día, hoy me he levantado temprano porque me la van a quitar, tengo que estar en ayunas. Estoy algo nerviosa y con muchas ganas porque comienza una nueva etapa, aunque dicen que al principio solo podré seguir tomando purés, pero yo ya sé que esto es cosa de poco tiempo. Todo ha ido bien, y comienzo una nueva etapa, voy a poder volver a comer por la boca, a saborear la comida, a disfrutar de los platos que más me gustan. De momento, por las mañanas, cuando salgo de clase, mi madre me lleva a un bar que hay en la esquina del hospital y, como puedo comer cosas blandas, siempre le digo que me pida croquetas. Qué maravilla, qué buenas están. Acuden al bar mis amigos, mi familia, Alejandro. Qué bien me lo paso al solete y pudiendo comer algo. Lo de la comida ya es un gran avance en el proceso de volver a la normalidad.

Esta mañana me han pinchado bótox en el brazo derecho para intentar que tenga elasticidad y pueda mover la mano derecha, ya que la tengo muy rígida, como el resto del brazo. Durante dos semanas me van a poner un aparato en el brazo izquierdo, que es el que puedo mover, para que no lo utilice y me fuerce a usar la mano derecha. Me cuesta mucho coger las cosas con esa mano, intento comer, aunque se me cae la comida, se me cae el agua, no puedo cortar la carne..., pero debo seguir intentándolo, es clave que pueda recuperar la movilidad.

Ahora tengo que hacer mucho ejercicio con la mano para intentar recuperar la movilidad, pero siento dolor, lo que no sé es si volveré a recuperar la sensibilidad en la parte derecha del cuerpo, todo dependerá de estas primeras semanas, que, según me dicen los médicos, son claves para recuperarme de la hemiplejia.

Un día a la semana viene una amiga de mi madre a la habitación del hospital para hacer musicoterapia, para que la música pueda activar las partes dañadas del cerebro. Intento coger algún instrumento con la mano derecha y construir alguna melodía.

Han llegado las vacaciones de Semana Santa y mis padres están intentando que me pueda ir a dormir siempre a casa, qué ilusión, no obstante, por si surge cualquier contratiempo, vamos a probar en Semana Santa y, si todo va bien, ya me quedará poco tiempo para dormir en casa. Es Jueves Santo y me han permitido salir del hospital para pasar esos días con mi familia en una casa que tenemos en Siete Aguas, ¡¡¡cinco días!!! Cuánto tiempo voy a estar con mi familia fuera del hospital, también mi novio Alejandro vendrá a Siete Aguas y las parejas de mis hermanos. Qué maravilla, el mejor momento desde que empecé el periplo por hospitales y, encima, si todo va bien, me van a permitir dormir siempre en casa. Qué ilusión, va a ser una Semana Santa muy especial en Siete Aguas después de todo lo que hemos vivido. Cinco días juntos, en familia, desde el 30 de diciembre no hemos estado juntos en casa tantos días.

Qué ilusión y qué bien me lo estoy pasando, parece que todo es normal, como antes, pero sigo yendo en la silla de ruedas, empiezo a hablar algo, aunque con un vocabulario de pocas palabras. Ya como por la boca cosas blandas, siempre comprobando con un oxímetro que saturo bien y que no tengo ningún problema de atragantamiento.

No sé si tiene que ver el estar tan a gusto con mi familia, pero esos días en la casa de Siete Aguas significan un punto de inflexión en mi recuperación, sobre todo anímicamente, un momento muy importante que siempre voy a recordar. Yo sigo sin poder andar. La casa tiene dos pisos y yo duermo en una habitación que está en el segundo.

Me acabo de despertar, estoy aún en la cama y quiero desayunar, pero no hay nadie en la habitación. Aunque me da mucho miedo, me pongo de pie y doy mis primeros pasos otra vez, como cuando empecé a andar, igual de emocionante. Llego hasta la escalera de bajada y desde ahí llamo a los que están en casa. Qué susto le he dado a mi familia, pero a la vez están emocionados de ver que ya puedo andar. Ha sido la gran alegría de la Semana Santa.

7. REGRESO A CASA

Ha acabado la Semana Santa; he disfrutado muchísimo con mi familia, viendo las montañas, disfrutando en nuestro hogar. La verdad es que han sido unos días maravillosos, he vuelto a dar mis primeros pasos, empiezo a pensar que podré abandonar la silla de ruedas; el cariño de mi familia, sin duda, ha sido el mejor medicamento.

Como la experiencia ha sido tan buena, mis padres han ido a hablar con IRENEA para proponerles que me pueda ir a dormir a casa definitivamente. La idea es ir a IRENEA en régimen ambulatorio. Qué ilusión me haría dormir en casa, recuperar la normalidad de mi anterior vida; al final, nos autorizan a salir del Hospital del Consuelo y me voy a casa. ¡¡¡Por fin me han dado el alta!!! Voy a poder hacer la rehabilitación durmiendo en mi cama, qué superalegría estar en casa con todos: con mi familia, con mis amigos, que seguirán viniendo a verme.

Otra vez a recoger toda la habitación, pero esta vez, qué distinto: es para llevarlo todo a casa, para poner fin a casi cien días de ingreso hospitalario en un centro de rehabilitación. Por fin en mi casa, por fin con mis padres, por fin con mis hermanos, por fin con Lucas, por fin en mi habitación, por fin en mi cama, por fin en mi hogar.

Poco a poco vamos recuperando la normalidad, o por lo menos la nueva normalidad.

Ya vuelvo a la rutina de clases en el centro de rehabilitación, pero vivo y duermo en mi casa; ahora voy en régimen ambulatorio, es decir, mis padres me llevan y recogen mañana y tarde, y como, ceno y duermo en mi casa. La verdad es que en IRENEA me esfuerzo mucho: todos los días hago ejercicios de fisio, trabajo la movilidad de la mano derecha y también de las piernas, y hago muchas sesiones con logopeda para que pueda ir diciendo cada vez más palabras. Ya me ponen de pie todos los días, necesito ayuda para pasear, pero evoluciono tan bien que sé que pronto podré andar sola y por fin podré abandonar la silla de ruedas.

Como ya os anticipaba, he evolucionado tan bien que me han quitado la silla y no necesito ni andador ni apoyos para caminar; tengo miedo a caerme, pero sé que debo seguir trabajando para ir afianzando la movilidad.

Las semanas avanzan. Yo me siento muy a gusto en el centro de rehabilitación, me llevo muy bien con mis terapeutas, logopedas, fisios. Las considero mis amigas, son un gran apoyo para mí y para todas las personas que se están rehabilitando. Algunos pacientes llevan más tiempo que yo y su evolución es muy lenta, siguen incluso llevando traqueostomía. Hay personas de todas las edades, algunas como yo y otras mayores. Conozco a todos mis compañeros y me van contado sus vidas y las causas por las que están en ese centro. Muchos de mis compañeros tienen daño cerebral adquirido como consecuencia de accidentes de tráfico, otros por tumores cerebrales, ictus, parálisis cerebrales. Yo siento que voy evolucionando bien y me dan pena los que no pueden hacerlo a mi velocidad, me pregunto si llegarán a andar.

Hoy mis padres me han enseñado el vídeo de Leti, una amiga suya, que fue al programa de televisión *Masterchef* y, cuando presentó su primer plato y le preguntaron por su nombre, ella contestó que se llamaba «las patatas de María», porque al entrar en el programa se acababa de enterar de que yo estaba muy malita y ella quería dedicarme su primer plato. Qué emoción que mi nombre salga en el programa *Masterchef*; he visto el vídeo de la presentación del plato decenas de veces.

Los días van pasando, y yo intento ir haciendo cosas que eran habituales para mí antes del accidente, ir recuperando normalidades. La verdad es que mis padres siempre me han dicho que soy una luchadora, y debe de ser verdad porque yo no paro de trabajar haciendo ejercicios y todo aquello que creo que me vendrá bien, aunque a veces no me apetezca.

Me cuesta hablar con las palabras correctas... ¿Por qué no me entiende la gente? Yo intento decir la palabra que toca, pero me salen otras distintas. La verdad es que me agobia un poco, pero mis hermanos traducen lo que digo si no me sale la palabra correcta, ellos siempre me entienden; cuántas horas pasan mis hermanos conmigo ayudándome a hablar, jugando, siempre pendientes para que yo me sienta bien.

Ha llegado mayo, pronto será mi cumpleaños, el día 15. Hoy he venido de clase y mis hermanos me tenían preparada una sorpresa, cuando he llegado a casa, he visto que había venido parte del grupo Hakuna y han hecho un concierto. Antes y ahora, me encanta Hakuna. Han cantado *Huracán*, la canción que tantas veces he escuchado desde que me puse enferma, y otras que también me gustan mucho: *Por un segundo, Madre*... Qué emocionante ha sido, estaban en casa mi familia, Alejandro y algunos amigos, hemos disfrutado mucho escuchando sus canciones, que estaban llenas de amor y de esperanza.

Hoy es sábado 13 de mayo y mis padres me han dicho que vaya con mis hermanos a nuestra casa de Siete Aguas, que comeremos todos juntos. Me hace mucha ilusión comer allí, dar un paseo por la montaña y ver a mi burra Dela, que está allí. Cuando he llegado a casa, ¡qué sorpresa!, al subir la escalera he visto de repente a todos mis amigos y amigas de la oposición, del Colegio del Pilar, de Erasmus, de la universidad, amigos de Alejandro..., todos reunidos para celebrar mi cumpleaños. Qué bonito, no me lo esperaba, todos me estaban cantando, mi corazón ha latido muy fuerte. Todos me han abrazado y yo he llorado de emoción al verlos, al abrazarlos, al darles besos, cuánto cariño a mi alrededor. ¡¡¡Qué maravillosa es la vida!!! Mi familia ha organizado todo sin que yo me haya enterado. Mi padre, bueno, con la ayuda de los amigos de Alejandro, ha hecho una paella para todos; mis amigos me han hecho muchos regalos, el mejor, su presencia; mi familia ha decorado toda la casa; todo ha sido una maravilla, después de comer yo les he dicho unas palabras de agradecimiento por haber venido: «Sois los mejores». Me ha costado mucho, pero ellos me han entendido a pesar de mi dificultad al expresarme, y es que el lenguaje del amor es universal. Luego ya han puesto música, mis hermanos han creado una *playlist* de Spotify con mi música favorita: Dani Martín, Leiva... Y yo me he puesto a bailar, me he sentido tan feliz... Hace tan poco tiempo que he estado en silla de ruedas y ahora ya puedo andar y estar bailando con todos. Me siento feliz de estar con mi familia, mis amigas, los amigos de Alejandro. Puedo moverme como si no hubiera pasado nada, todos estamos felices, bailando. A mitad de tarde hemos recogido y nos hemos ido a Valencia porque al día siguiente tengo que volver al centro de rehabilitación, pero ha sido una maravillosa fiesta sorpresa, un día inolvidable.

Ya es 15 de mayo, mi cumpleaños, me he levantado temprano como todos los días con mucha ilusión porque voy a celebrarlo con mis compañeros del centro de rehabilitación y mis profesoras. Mi madre me ha comprado bombones para la ocasión. Qué alegría, los he ido repartiendo entre los que pueden comer.

Cuando llego a casa por la tarde, mi madre ha preparado una merienda a la que han venido todos mis amigos del colegio y de mi lugar de veraneo. Cuántas risas, todos están contentos de verme tan feliz. Encima me ha llegado un vídeo donde todos los participantes de *Masterchef* me felicitan; qué ilusión, qué detallazo de Leti, eso de que tanta gente me mande mensajes y me apoye me da mucha fuerza y mucho ánimo.

El día 17 de mayo de 2023, mis padres organizan una celebración de acción de gracias en el Colegio del Pilar. Después de que tanta gente, tantos amigos hayan rezado por mí cuando yo estaba en coma, es justo agradecer, sobre todo a Dios, y también a tanta gente que ha sufrido con nosotros, todas esas oraciones que han hecho que yo esté mejorando tan rápido. Estoy muy nerviosa porque sé que va a ir mucha gente y voy a hablar. A mí me sigue costando mucho y no sé bien qué decir. Después de estar un rato rezando, me he levantado y, aunque estaba muy nerviosa, les he dicho: «Muchas gracias a todos, os quiero mucho». Todos me han aplaudido. Yo estoy feliz, siempre me habían dicho que la gente se juntaba en la iglesia del Pilar para rezar por mí. Ahora yo lo he visto, he podido comprobar lo que mi familia vivió durante la novena al padre Chaminade: la iglesia llena de gente dando gracias a Dios por mi vida.

He comenzado a utilizar Instagram. Mi hermana Patri, que es *instagramer*, me ha ayudado a subir un vídeo donde sale mi evolución desde los días del Clínico hasta mi estado actual. Salen fotos que reflejan mis avances en la recuperación, ¡cómo he evolucionado! La verdad es que compartir tanto los momentos tan duros que mi familia y yo hemos pasado como los buenos de mi recuperación me está ayudando mucho; por eso, tras darle varias vueltas, he decidido poner en abierto Instagram para que puedan verlo todas las personas y ojalá lo que yo comparto les pueda ayudar a tener esperanza, a ver cómo, con mucho esfuerzo, se puede alcanzar aquello que parece imposible; en esta vida no hay límites.

Ya os he dicho que he abierto Instagram para ayudar a las personas, pero, como el que da recibe siempre mucho más, os copio a continuación alguna de las maravillas que me escriben en Instagram y que son pura vitamina en mi proceso de rehabilitación, y en general, en mi vida.

Me anima mucho saber que todo lo que comparto en redes sociales es inspiración para los demás.

«¡Eres increíble!».

«Qué grandeza tu vida. María, Gracias».

«Qué ejemplo de superación. Qué grande eres, María! Todo un ejemplo de fuerza de voluntad y superación. Te mereces lo mejor».

«Qué maravilla, María!! Toda una campeona. Serás siempre un gran rayito de luz en nuestras vidas y de esperanza para muchos. ¡¡Campeona!!».

«Cuánto amor y vida nos has dado».

«No cabe más orgullo en mi corazón! Has podido y puedes con todo. Qué suerte tenerte».

«Eres un ejemplo, menuda lección de vida nos estás dando a todos. Eres un regalo».

«Eres mi testimonio de fe».

«Ejemplo de que hay que luchar hasta el final y no perder la esperanza».

«Nos has dado una lección de vida a todos».

«Grande, María».

«Eres la mejor».

«No tienes límites».

«Enhorabuena, María. La imagen de una luchadora».

«Un ejemplo de valentía, esfuerzo y constancia».

«Grande, qué fuerte eres, tesoro».

«Cuánto tenemos que aprender de ti, María. No solo es tu fuerza de voluntad y constancia lo que nos impresiona, es sobre todo la serenidad y alegría que transmites».

«Grande, qué grande eres, te mereces todo lo mejor de este mundo, la fuerza que has demostrado es increíble. Te admiro enormemente, sigue luchando, preciosa».

«Eres maravillosa, admirable y adorable; y este año te has hecho superfuerte y valiente y con esa capacidad vas a conseguir lo que quieras hacer. Y has descubierto la felicidad en los pequeños detalle, momentos e instantes compartidos con familia, pareja y amigos».

«Eres increíble, María, el mejor ejemplo de vida».

«Gran ejemplo de fuerza, ánimo y superación. Sigue adelante sin desfallecer. Eres todo un ejemplo».

«Eres increíble, Meri. Nos enseñas tanto a todos».

«Más grande que tú no hay nadie. Menudo ejemplo. Eres un amor».

«María, haces que todos los días sean un amanecer continuo».

«Eres especial».

«La suerte que tenemos los que te queremos de verte progresar con tanta alegría y ganas de vivir, eres un ejemplo».

«Gracias, María, por darnos esta lección de superación, esperanza, amor y ganas de vivir. Fe en estado puro. Eres muy grande».

«Gracias por enseñarnos tanto sobre lo que es la VIDA, sobre lo que es amar incondicionalmente, gracias por ser como eres».

«Un año hace que se nos heló el corazón, pero también un año de ver cada día cómo amaneces, cómo nos alegras el día con tu sonrisa, con tus avances. Has conseguido que todos seamos mejores».

«Qué grande, María, todo un ejemplo de resiliencia, de amor y alegría».

«Cuánto nos has enseñado».

«Una gran luchadora. Con mucho esfuerzo y fe vas avanzando en tu nueva vida, siempre con una sonrisa. Aprendemos de ti. Gracias».

«María, eres un ejemplo para todos, tenemos mucho que aprender de tu fortaleza, tu positividad y tus ganas de vivir. Eres única».

«María, eres un ángel y nos has enseñado una lección de vida increíble».

«Eres una inspiración».

«Enhorabuena por sacar tanto positivismo de momentos tan duros. Has madurado rápido y has aprendido lo más importante que tenemos, que es la familia, los amigos y nuestra fortaleza y que tú has demostrado que tienes mucha. Adelante siempre, María».

«Qué orgullo de amiga y sobre todo de persona. Cómo te admiro, ahora y siempre. Siempre me has demostrado que puedes con todo, sigue adelante y sigue transmitiéndonos tu fortaleza».

«Siempre, siempre serás nuestro ejemplo a seguir. Gracias por todo lo que nos has enseñado. Soy afortunada de tenerte en mi vida».

«Eres maravillosa, María. Muy necesaria en nuestra vida».

«Eres testimonio para el mundo entero».

«Eres admiración pura, María».

«Verte me llena el corazón entero».

«Eres una campeona y todo un ejemplo para todos. Enhorabuena».

«María, eres luz. Eres una bendición para todos».

«María, me emociona verte muy grande. Puedes con todo».

«Vas a salvar muchas almas».

A pesar de todos los pronósticos de que no podría andar ni hablar, yo estaba andando y también hablaba, aunque a veces no se me entendiese muy bien, lo que es un éxito teniendo en cuenta todo lo que me ha pasado. Sé que me queda bastante camino, hay palabras que no me salen, no sé cantar canciones, pero sé que con la logopeda pronto lo conseguiré.

Mi fisio me hace ejercicios todos los días para que pueda utilizar la mano derecha y recuperar algo de sensibilidad que he perdido en todo el lateral derecho del cuerpo, la mano y el pie derecho. Resulta curioso que no pueda llevar chanclas porque, si se me sale la del pie derecho, no me doy cuenta, ya que no lo siento igual que el izquierdo, sé que me queda un largo camino.

Me he propuesto hacer algo de deporte al margen de la actividad del centro, y he empezado a correr por el río junto a mi madre y a una amiga nuestra. Hoy he empezado y he corrido poco rato, no tengo sensibilidad en los dedos de la mano derecha ni del pie derecho, pero eso no me impide correr. Sigo perseverando en trabajar para recuperarme, utilizo la mano derecha, aunque me cuesta, para escribir y comer, pero sé que tengo que usarla, sé que es cuestión de trabajo y constancia. Lo mismo me pasa con el habla.

Me doy cuenta de que, a pesar de que voy evolucionando muy bien, la vista también está afectada, me cuesta fijar la mirada, algo me está pasando, pero no sé lo que es. Hay una parte del campo visual del ojo derecho por la que no puedo ver, en el extremo derecho del ojo. En el centro de rehabilitación me han dicho que tenía una dificultad visual y que fuese a un optometrista para que me ayudase a trabajar la vista. Me he dado cuenta de que me queda mucho trabajo por delante y muchos dicen que no lo recuperaré, pero, como ya he dicho, mi lema es que en esta vida no hay límites, por lo que debo también hacer ejercicios de la vista, no sé el final de este camino, pero lo voy a intentar.

A pesar de la dificultad visual, debo comenzar a leer, me cuesta mucho. Mis padres me dan libros infantiles y consigo con mucho esfuerzo leer algunos párrafos, aunque no los entiendo, pero sé que poco a poco lo lograré. Al igual que me costaba hablar al principio, ahora tengo por delante todo un camino para empezar a leer.

8. EL VERANO. OTRA RECAÍDA

Ha llegado el verano, qué alegría: sol, playa, amigos, fiesta... Aunque tengo que seguir yendo todos los días al Hospital del Consuelo a rehabilitación, luego vuelvo al Perellonet. Qué maravilla llegar a mi apartamento y poder ver el mar, sentir la brisa, pisar la arena; quién me iba a decir hace seis meses que podría volver a mi apartamento y disfrutar del verano.

Desde que tenía dos años, los veranos los paso en mi apartamento del Perellonet, conozco a todo el mundo. Estoy superfeliz, me encanta ir por las mañanas al centro de rehabilitación Virgen del Consuelo. Aunque trabajo mucho y me canso porque todos los ejercicios que hago me suponen un gran esfuerzo, me gusta ver a mis compañeros y a mis rehabilitadores. Por las tardes hago deberes en mi casa con los cuadernillos de Rubio que me han comprado mis padres.

Aunque he mejorado mucho, sé que, cuando hablo con la gente, hay momentos en que no me entienden y aún hay muchos conceptos que, aunque sé lo que son, no puedo expresarlos, a veces también me cuesta entender lo que me dicen.

La verdad es que está siendo un verano estupendo, algún día bajo a la playa, pero sobre todo estoy en la piscina. Todos los amigos de mis hermanos están pendientes de mí en todo momento. Por la noche me voy con ellos, con mis hermanos, hasta con mis padres, de fiesta hasta las cuatro de la mañana, no me lo creo. ¿Quién me lo iba a decir hace pocos meses? Obviamente, yo no puedo beber alcohol, pero eso me da igual, me lo paso mejor sin necesidad de beber. Durante el mes de julio estoy nadando todos los días; qué ilusión me hizo la primera vez que me tiré a la piscina y pude comprobar que podía nadar. Recorrí toda la piscina, todos me miraban asombrados y también asustados, pero yo estaba feliz. Dentro del agua no sentía mis limitaciones, pero parece que cuando mejor está una es cuando salen nuevos problemas.

A finales de julio, cuando pensaba que todas las operaciones ya habían acabado, empezó a supurar una pequeña herida de la cabeza, era un punto exterior que no se había quitado, no parecía nada grave, pero, por si acaso, nos fuimos a urgencias del Hospital Clínico y me dijeron que parecía que se había infectado, pero, bueno, limpiaron la herida, me dieron dos nuevos puntos y no le dimos mayor importancia. A los pocos días me dio una reacción alérgica por la medicación que estaba tomando; estaba roja y con muchos picores por todo el cuerpo. Como no me encontraba bien, volví al hospital y me cambiaron la medicación. Voy a estar unos días en casa sin ir al centro de rehabilitación porque me siento muy cansada, así descanso un poco, seguiré trabajando en casa con los cuadernillos que me han comprado.

Como los médicos me han dicho que no me moje la herida, creo que este verano no voy a volver a nadar en la piscina, pero no pasa nada, lo que quiero es ponerme bien. Parece que la herida ha dejado de supurar y la reacción alérgica ha desaparecido, me encuentro mejor, menos mal. Mis padres nos han dado a mis hermanos y a mí una sorpresa, con todo lo que hemos pasado en lo que llevamos de 2023, nos merecíamos un premio, así que en agosto nos hemos ido toda la familia tres días a un hotel muy chulo en Finestrat. No teníamos nada que hacer más que bañarnos en todas las piscinas, comer, reírnos, disfrutar de la vida. Qué bien nos lo hemos pasado, la verdad es que ninguno podíamos imaginar lo que en unos pocos días me iba a pasar.

A los tres días de volver del hotel, vuelve a supurar la herida que me habían limpiado, aún teníamos esperanzas de que no fuese nada grave, pero cuando llegamos al Consuelo, preguntamos a una de las médicos de nuestra planta y nos dice que nos vayamos a que me vea nuestro neurocirujano del Hospital Clínico. Al llegar a urgencias, nos está esperando y nos da la peor de las noticias: con la evolución de las últimas semanas había muchas posibilidades de que la bacteria que había infectado el punto de la cabeza también hubiese infectado la válvula de derivación ventricular que llevo en la cabeza. Hay que operar otra vez para cambiármela y colocármela en la otra parte de la cabeza. Esa misma tarde me operan, parece que es urgente, la historia se repite, mis padres, hermanos y demás familia están en el hospital, otra vez revivimos todo lo de meses atrás: mi familia esperando asustada en la puerta del quirófano. En ese momento he sentido miedo, pues he pensado que la parte de las operaciones había pasado y, de repente, vuelta otra vez al quirófano a operarme en la cabeza. Me acuerdo de que le he preguntado al neurocirujano si esta operación me iba a provocar otra vez daño cerebral, y me ha tranquilizado diciendo que no, pero yo seguía asustada. Sé que toda mi familia ha estado muy preocupada, pero, bueno, tras casi dos horas salgo del quirófano. Tras la operación estoy casi un día en un box en el que no puede venir nadie a verme, es horrible. Cuando ya paso a una habitación, es un alivio porque ya puedo recibir visitas. Me siento mejor por estar acompañada, pero tengo la sensación de que he dado un paso atrás. Estoy ocho días ingresada en el hospital y finalmente salgo el 22 de agosto de 2023, otro día 22. Me dicen que puede haberse extendido la infección dentro del cerebro pero que, por falta de muestra, no se va a poder saber.

Me voy a casa, pero con la incertidumbre sobre la gravedad de la infección, encima, como descubren que tengo alergia a la penicilina, el único antibiótico que me pueden suministrar tienen que administrármelo mediante un gotero que he de llevar todo el día, así que vivo todos esos días, casi un mes, con un vial colocado en el brazo y una bolsa que lleva dentro un gotero, y todas las mañanas tengo que ir al Hospital Peset a que me lo repongan. Pero, pese a todo, yo me siento feliz y contenta porque regreso a mi lugar de veraneo con mi familia y mis amigos, aunque con un cierto miedo pues soy consciente de que mi salud aún es frágil y que pueden seguir surgiendo complicaciones. Aun así, debo mirar hacia delante, dar gracias por cómo estoy e intentar superar las incertidumbres que sé que me van a acompañar durante bastante tiempo.

A pesar de llevar el vial, voy de fiesta con mis hermanos, me ponen mis canciones preferidas y retomo mi rutina de clases en el Hospital del Consuelo; más tarde me enteraré de que todos estaban asustados por si tenía fiebre, porque significaría que la infección habría llegado al cerebro, pero, bueno, todo ha salido bien.

No puedo bañarme en la piscina, pero no pasa nada porque pienso en lo que puedo hacer y no en las limitaciones impuestas por esta nueva operación. El gotero me molesta porque tengo que llevarlo todo el día, incluso para dormir, durante casi un mes. A pesar de que en un principio me han dicho que lo llevaría dos meses, he tenido la suerte de que al primer mes me lo han quitado, y me he sentido liberada. Durante esa época del gotero no he podido hacer muchas cosas en el centro de rehabilitación, pero, como todo pasa en la vida, por fin me lo han quitado y puedo volver a mi rehabilitación con normalidad.

9. NO ME HAN CORTADO LAS ALAS: QUIERO AYUDAR A LOS DEMÁS

Ha terminado el verano y comienza el otoño y el regreso al centro de rehabilitación por las mañanas y por las tardes. Soy consciente de que esa va a ser mi realidad durante bastante tiempo, y de que mi vida ha cambiado. Pese a todo, me siento afortunada por estar viva, por poder respirar, estar con mi familia, mi novio, mis amigos. ¿Quién me lo iba a decir hace unos meses?

Me han propuesto dar unas charlas en varios colegios marianistas: Zaragoza, Madrid, Valencia. Me ilusiona poder transmitir toda mi experiencia y que mi vida pueda ayudar a otros a orientar la suya. Cuando voy a dar esos testimonios a los alumnos, me acompañan mis padres porque a veces me cuesta decir algunas cosas o no sé cómo hacerlo, también me cuesta entender algunas preguntas que me hacen, pero mi madre me las repite despacio varias veces para que pueda entenderlas. Yo me identifico mucho con los jóvenes que están en las clases, especialmente cuando estoy con los de bachillerato, porque hace unos años yo también estaba en las aulas luchando por mi futuro profesional, intentando sacar buenas notas como si eso fuera lo más importante. Cuando yo les cuento todo lo vivido y cómo acepto lo que la vida me ha puesto en mi camino, se emocionan mucho, incluso lloran, sé que mis experiencias, mi testimonio, les llegan al corazón. Quizá estas charlas dan sentido a mi enfermedad y a todo lo vivido; el sufrimiento permite transmitir desde mi propia experiencia lo que de verdad importa, dónde está la auténtica felicidad. Como nos decían en mi colegio, y era uno de los lemas del padre Chaminade, fundador de los marianistas, lo esencial es lo interior, hay muchas cosas superfluas de la vida que seguro que dan placer, orgullo, autocomplacencia, vanidad, pero la felicidad sé que no está ahí, está sin duda en el amor, la solidaridad, la ayuda.

Qué emoción siento en cada una de esas charlas, cuánto cariño recibo de los niños y jóvenes, muchos de ellos han estado rezando por mí mientras yo estaba tan enferma, y rezaban sin conocerme, simplemente porque habían escuchado cuál era mi situación, porque sabían que una joven estaba luchando por vivir. Pensar y rezar por quien no conoces, pero que sabes que necesita tu oración, es un acto de generosidad.

Este otoño está lleno de emociones, el 26 de octubre es el día del daño cerebral adquirido, día de esperanza, y lo hemos celebrado en el centro de rehabilitación. Muchas veces a lo largo del año se celebra el día de muchas enfermedades y yo siempre lo había escuchado desde fuera. Hoy se celebra el día de mi enfermedad, el día del daño cerebral adquirido, qué distinto suena cuando tú formas parte de la enfermedad que se celebra. El centro de rehabilitación está decorado con un cartel muy grande rojo que pone «no cortes mis alas». El cartel tiene dibujadas unas alas muy grandes hechas por todos los compañeros del centro con plumas de papel que hemos pintado y rellenado con los logros alcanzados y con las cosas que nos hacen felices. Hay gente que ha puesto como logros ir a natación, cuidar a los padres, quedarse solo en casa, la propia vida; yo he puesto «VIDA» porque refleja lo que siento: que, después de lo enferma que he estado, simplemente vivir es un regalo de Dios. Mi gran logro, desde luego, es estar aquí, sobrevivir a lo que pasé a finales de 2022 y en el principio de 2023. Respirar, ver el sol, recibir y dar amor, ver la naturaleza, estar rodeada de mi familia, mi novio, mis amigos, mi perro, todo ello es un puro regalo de la vida.

Ahora sé lo que es un derrame cerebral, nunca pensé que podría tenerlo una persona tan joven, sé que no es muy frecuente porque en el centro la mayor parte de las personas son mayores, pero he aprendido que nadie está exento de cualquier enfermedad ni del sufrimiento. La vida te puede cambiar por completo en un segundo, y a eso estamos todos expuestos. Soy consciente de mi enfermedad, veo día a día a todas las personas que hay en el centro, con diversas enfermedades, algunos de ellos en una situación muy complicada, y a veces me siento una privilegiada, por eso siempre he pensado que, dentro de lo que me ha pasado, he tenido una suerte increíble por ir recuperándome tan rápido.

Bueno, vuelvo a donde estaba, a contaros cómo celebramos en el centro de rehabilitación el día del daño cerebral adquirido. Ese día vienen los familiares de todos mis compañeros, me sirve para darme cuenta de la fuerza del amor, con qué cariño, con qué ternura, con qué amor tratan todos los familiares a mis compañeros. Yo también siento siempre el amor inmenso de toda mi familia.

Como os iba diciendo, ese día estamos en el Hospital del Consuelo, qué bonito nombre para los que estamos en un hospital, que se llame Virgen del Consuelo, porque para muchas personas, el hospital, los médicos, los terapeutas, los sanitarios, nos dan consuelo.

Hemos estado hablando con un campeón de España de deporte paralímpico que nos ha contado todo lo que le ha ayudado hacer deporte. Han venido mis padres y mis hermanos, han estado haciendo muchas actividades: tiro con arco, ejercicios de remo. La verdad que ha sido un día en el que nos han enseñado que podemos hacer muchas más cosas de las que nos imaginamos.

Pienso en las limitaciones del ser humano. Hay algunas que te vienen dadas por una enfermedad, por un accidente, por cualquier circunstancia sobrevenida; pero hay otras que uno mismo se las produce como consecuencia de los egos personales, de las ambiciones, de las envidias, de querer lo que no se tiene… Esas limitaciones son más duras porque, pudiendo tenerlo todo, lo tiras por la borda y tú mismo te impides ser feliz. Espero que mi testimonio y el de otras muchas personas que hemos sabido sobreponernos al mazazo que nos ha dado la vida ayude a la gente que lee este libro y les permita descubrir la auténtica felicidad con amor, con una actitud positiva, mirando siempre hacia delante con esperanza.

En mi camino de recuperación, he ido reencontrando la normalidad en algunos aspectos, por ejemplo, las relaciones sociales, salidas con amigos, eventos; en estos meses he ido a varias bodas, y qué ilusión me hace volver a hacer cosas que hacía. La gente es supercariñosa conmigo, en una de las bodas de unos amigos, mientras estaba comiendo, han cambiado de repente la música de fondo de la boda y ha empezado a sonar en todo el salón la canción de Paula Mattheus *Valientes de sofá*, que es una de mis favoritas. En mi familia la cantamos porque nos recuerda todo lo que hemos vivido, y representa la unión de la familia, la esperanza, el reto, en definitiva: el «no hay límites» que tanto uso. El corazón me ha dado un vuelco, era mi canción, yo sabía que algo iba a pasar y de repente he visto a los novios que se dirigían hacia Alejandro y hacia mí a darme un ramo de flores. La novia iba gritando «un abrazo para María», todos estaban emocionados, los novios lloraban y nosotros también.

Ha sido un momento que nunca olvidaré, qué detallazo de los novios y cuánta emoción y cariño; qué bien me lo he pasado en la boda, no paraba de bailar, todos estaban muy pendientes de mí. He llegado feliz a casa. Sigo recuperando terreno, volviendo poco a poco a hacer cosas que antes hacía, en definitiva, recuperando normalidades.

En noviembre también he vivido un momento de mucha emoción. Mi preparador, Gonzalo López Ebri, se jubila y se ha organizado una comida multitudinaria en el Ateneo Mercantil de Valencia como homenaje a su larga trayectoria, tanto como fiscal como en su faceta de preparador. Mis padres me han propuesto ir a la comida y, como quiero mucho a Gonzalo, me ha parecido un buen plan. Había un montón de gente, fiscales, jueces, más de trescientos. Yo diría que soy la única persona que tiene veintisiete años y aún no ha trabajado. Me he sentido rara, pero he ido solo por ver a Gonzalo, para darle una sorpresa y como agradecimiento por todo lo que ha hecho por mí. Él no se lo esperaba. Yo pensaba que no iba a conocer a nadie, pero me he dado cuenta de que mucha gente sí me conocía a mí, pues un montón de personas me han hablado, me han preguntado cómo estaba. Muchos estaban emocionados de verme allí. En mi mesa estaban mis padres y varias personas que han sido alumnos de Gonzalo.

Mientras estábamos tomando el café, Gonzalo ha salido a hacer un discurso. Ha empezado hablando sobre su vida profesional, sobre su faceta como preparador recordando el gran número de opositores a los que ha preparado. Yo le estaba escuchando tranquilamente, pero de repente ha dicho:

Ahora quiero compartir con vosotros un reconocimiento a una opositora que, dichosamente, hoy también nos acompaña: María Sebastiá Rangel, a la que tuve el honor de preparar, como también a su madre, Herminia, una campeona. María, la vida ha querido que compartamos un momento desgarrador y ahora que sigamos juntos. Esto lo tenemos que agradecer luchando hasta el final. Adelante, que la meta ya está ahí, tú y yo, y todos, ya lo celebramos, serás lo que quieras ser, ya lo verán todos. Un abrazo enorme a María.

Cuando absolutamente por sorpresa he oído las palabras de Gonzalo, me he emocionado. Él también se ha emocionado y no ha podido seguir hablando; todos los asistentes, más de trescientos, se han puesto a aplaudir. En ese momento, con los aplausos, ya no he podido aguantar más y me he puesto a llorar junto con mis padres. La verdad es que ha sido un día de contrastes y muchas emociones: por un lado, estaba rodeada de opositores que han aprobado y son jueces o fiscales, que es lo que yo siempre he querido ser; pero, por otro lado, yo he sentido que este giro de mi vida me ha llevado a descubrir que mi futuro no era ser juez, sino servir a los demás desde otro lugar, que mi oposición ahora no depende de que un tribunal me apruebe o no, sino de mí misma, que yo he aprobado la oposición de la vida y ahora tengo que dedicarme a aliviar el sufrimiento de otros. Es fácil empatizar con el dolor ajeno cuando tú lo has vivido, y quizá ese es mi camino ahora, esa es mi meta, ese es el sentido de mi existencia. La verdad es que, como tantas veces he dicho en este libro, el amor y el cariño dado y recibido son la clave de la felicidad. Ser juez, que era una gran ilusión para mí, no es la clave para que yo sea feliz.

Los meses siguen pasando, ya estamos en diciembre, nos acercamos al primer aniversario de mi nueva vida, mi primer año desde mi «resurrección». He estado pensando que el estar como estoy, después de un año tan duro, es motivo de celebración. Creo que voy a organizar una fiesta por mi primer cumpleaños, se lo he comentado a mis padres y a mis hermanos, y les ha gustado mucho la idea, así que todos nos hemos puesto en marcha para prepararlo. Ya se lo he contado a mis amigas, dadas las fechas, creo que lo mejor será celebrarlo la noche del 29 de diciembre, así, a partir de las doce, ya será el día 30: el 30 de diciembre.

Qué ilusión me hace. La verdad es que me da miedo que mis amigos no puedan venir porque son muy malas fechas, pero, según he empezado a llamarlos, a todos les está pareciendo una idea genial y están muy ilusionados en venir. La respuesta de mis amigos es increíble, les voy mandando mensajes cada semana. Quiero que la fiesta sea genial, llena de alegría, me hace mucha ilusión que vengan todos, parece que vamos a ser más de cien, qué barbaridad...

La verdad es que, aunque no se lo he dicho a nadie y puede parecer una tontería, tengo miedo de que, justo un año después, me vuelva a pasar lo mismo. Fue tan fuerte lo que pasó..., pero, bueno, es un día para disfrutar y me tengo que olvidar de todo eso. De momento, y gracias a unos amigos de mis padres, ya tenemos local para hacer la fiesta: un casal fallero estupendo. Mis hermanos y mis padres están organizando muchas cosas: la decoración, la comida, la bebida, fotos, va a haber *photocall* y todo, qué fuerte...

Ya ha llegado el día, hoy es el día 29 de diciembre, estamos preparando toda la cena que vamos a hacer para la fiesta. Mi hermana Patri se ha ido con sus amigas a decorar el casal, así, cuando he llegado al local, estaba todo precioso, todo decorado lleno de globos, fotos de mis amigos, y un montón de comida.

Empiezan a llegar mis amigos y yo voy saludándolos a todos. Está toda mi familia y también amigos de mis hermanos. A las doce de la noche, me dan un micrófono y empiezo a hablarles. Desde hace unos días, sin que nadie lo sepa, he estado ensayando lo que quería decir. Estoy hablando durante más de cinco minutos. Ha pasado un año y mi vida ha cambiado, pero yo estoy feliz gracias a ellos. Les doy las gracias a todos, a mi familia y amigos porque sin ellos todo este año no habría sido posible. Hemos bailado y reído durante toda la noche, estoy agotada, tantas emociones, tanto cariño... Ha sido una fiesta increíble.

Me levanto por la mañana como todos los días, pero hoy no es lo mismo, es distinto, hoy es día 30 de diciembre de 2023, ha pasado ya un año. Qué recuerdos, qué sensaciones: dolor, mucho dolor recordando lo que ocurrió, lo que sufrimos aquel día, pero también esperanza y alegría por la increíble recuperación del año 2023.

Por eso nos vamos a las doce al Colegio del Pilar para celebrar una eucaristía de acción de gracias e invitamos a nuestra familia y a nuestros amigos. Se siente lo que se vivió en las oraciones por mí de enero, Dios estaba allí. Quiero acordarme especialmente de mi amigo Paco, me hace mucha ilusión verle allí porque, a pesar de estar muy malito, ha venido a la eucaristía para vivirla conmigo. Ese es el último día que sale de casa porque a las dos semanas va a fallecer. Paco y yo compartimos durante sus últimas semanas muchos momentos de vida y felicidad. Siempre que iba a visitarlo le llevaba unas rosquilletas de sobrasada que había aprendido a hacer en el centro porque me decía que le gustaban mucho. Para mí ha sido un ejemplo de persona y de cómo llevar la enfermedad.

Entre mi hermana Patri y yo hemos preparado una acción de gracias que recoge todo lo vivido durante este año. Al final de la eucaristía hemos subido al altar y la hemos leído:

Hace un año que la vida nos dio un giro de 180 grados.
Hace un año a estas horas, mis ojos se cerraron sin saber
el porqué.

Hace un año que mi preparador a jueces Gonzalo llamó a mi madre
diciendo que me había desmayado.
Hace un año de mi derrame cerebral.
Hace un año mi vida y la de mi familia cambió por completo.
Hace un año de que todo encajara para que hoy esté aquí.
No ha sido un año fácil, cada día una noticia nueva, un pronóstico, el saber que tras tres años opositando no podía ser juez, la incertidumbre de mi futuro. Parece mentira que, a pesar de los momentos de miedo, pueda decir que soy más feliz que nunca.

A veces pienso que por qué ha pasado todo, por qué los médicos no me diagnosticaron ante los dolores, pero las cosas pasan a veces sin entender el porqué.

Lo que sé es que Dios supo ayudarnos en el proceso, un momento de tocar fondo para enseñarnos que en la vida hay sufrimiento cuando menos te lo esperas y no puedes hacer nada más que afrontarlo.

La vida me ha llevado por otros caminos, y me ha hecho aprender a verla diferente.

Puedes, por un lado, quejarte de todo lo que ha pasado, anhelando el
pasado y viviendo en él o, por otro lado, ver todo con positividad, no
entristecerte por no caminar, sino alegrarte por tus primeros pasos tras
mucho esfuerzo; no pensar en las dificultades para comunicarte, sino valorar tus primeras palabras.

Y, sobre todo, valorar y anteponer a todo el amor que recibes.
Gracias por todo el amor que me habéis dado, por los rezos que hicieron que pudiera salir adelante.

Ojalá hubiese podido ver todo lo que rezabais por mí y me cuidabais a mí y a mi familia mientras estaba en coma, porque sé que he sentido toda la fuerza que me transmitíais. Es un camino largo que sigue su ritmo, los ingresos, la rehabilitación, logopeda…, pero he aprendido, he conocido a mucha gente, he visto que la vida no es tan fácil y cómoda, sino que hay gente que necesita de nosotros.

Gente que está triste y que antes no me paraba a pensar en ellos, en todos aquellos que viven en un hospital, mis compañeros que siguen ahí ingresados y que son mi día a día.

Hace un año supe aferrarme a la vida y aceptarla como es. Ante todo, la felicidad, porque hay días malos, como en toda vida. He llorado, aceptar las limitaciones no es fácil, pero la vida es tan bonita que no merece la pena perder tiempo quejándote.

365 días, 12 meses, un año desde que volví a nacer.

Sé que quiero ser feliz y que lo demás es secundario.

Termino la celebración rodeada de abrazos, hay gente que llora de emoción por ver todo lo que he mejorado, y la alegría y la paz resuenan en el ambiente.

10. MI FE EN LA VIDA

Mi enfermedad me ha ayudado a tener una VIDA plena. Mi proyecto vital ha cambiado un cien por cien. Siempre había querido ser juez, este había sido mi sueño. Mi nueva vida es muy distinta, ahora sé que no voy a poder continuar con las oposiciones, que no voy a poder hacer mucho de lo que antes hacía porque me cuesta hablar, no tengo sensibilidad en los dedos de la mano y el pie derechos, mi campo visual está reducido y estoy comenzando de nuevo a leer. Soy consciente de mis limitaciones, de que ahora no podré hacer mucho de lo que hacía antes. Pero, por otra parte, he descubierto que hay una felicidad profunda que no está en las cosas que puedes hacer o no, en los proyectos conseguidos o no, sino en el amor, en el amor dado y recibido a mi familia, a mis amigos, a mi novio, a la gente que me rodea, en el amor que siembras allí donde estás.

A veces ponemos nuestras metas en conseguir unos logros a los que dedicamos todo nuestro tiempo y, una vez alcanzados, nos damos cuenta de que no somos felices porque el éxito de la vida no está en el trabajo ni en el dinero, sino en encontrarle un porqué y un para qué. Lo que le da sentido es vivir cada día ayudando a los demás, procurando mejorar la vida de los que nos rodean, y no tantas cosas superficiales de las que nos rodeamos y a las que les damos tanta importancia. ¿Dónde ponemos nuestras metas, dónde ponemos nuestros sueños?

Mis limitaciones pueden estar en mi cuerpo, pero no en mi corazón. Yo me siento una privilegiada porque, después de todos los pronósticos de que me moría, estoy viva. He recibido una segunda oportunidad en la que valoro muchas cosas a las que antes no daba importancia: poder comer, respirar por mí misma, utilizar las manos, poder andar, poder ver. ¡Qué maravilla! Todo eso antes lo daba por hecho, ahora, a mis veintisiete años, he aprendido a andar, a hablar, y estoy aprendiendo a leer. Valoro todo lo que me rodea, cada pequeño detalle, miro la parte buena de la vida y he aprendido a la fuerza que siempre encontraremos luces y sombras. He decidido mirar hacia delante, hacia la luz, hacia la felicidad, sin olvidar las sombras, que son las que me hacen anclarme a la realidad.

Quiero vivir en plenitud, día a día, dando lo mejor de mí misma. La vida es hoy, es cada instante. Siempre estamos pensando en el futuro, imaginando cómo va a ser, en muchas ocasiones poniéndonos en lo peor, y no nos damos cuenta de que el futuro es incierto, de que lo único cierto es el día a día; por eso debemos vivir cada momento como un gran regalo y como una oportunidad para estar cerca de las personas que nos encontramos en nuestro camino, dando lo mejor de nosotros mismos, amando y dando felicidad a los que nos rodean, mejorando el mundo con nuestra presencia. El que la gente nos vea como seres de luz, de amor, de felicidad es el mejor regalo que podemos tener.

No sé qué será de mi dentro de un año, pero lo que sí sé es que el hoy es maravilloso. Está lleno de incertidumbres que a veces me dan miedo: que me vuelva a salir el tumor, tener otro ictus, mi futuro profesional... Pero he aprendido a vivir desde la esperanza, una esperanza que es desafío, es reto, es confianza, es entrega, es amor. La esperanza es el motor de la vida. El creer que todo puede mejorar no es una esperanza solo para mí misma, sino para el mundo. Vivo sabiendo que voy a intentar mejorar las cosas, que ese mundo que todos soñamos de justicia, de paz, de verdad es posible, y que está en mi mano, desde mis circunstancias, contribuir a ello. La vida es un regalo, cada día es un regalo, por eso hay que vivir desde el agradecimiento. Descubrir el don de la vida te hace ser feliz y transmitir la felicidad a los que te rodean, invitarlos a sentir la alegría profunda de la existencia.

Tengo tantas cosas por las que dar gracias: mi familia, que está y estará siempre a mi lado, que me ayuda a superarme cada día, que cada uno de ellos deja sus proyectos de lado para que yo pueda construir los míos.

Mi novio, Alejandro, que siempre ha estado conmigo, que me cuida y me da tanto cariño, seguridad.

Mis amigas, cómplices que han sabido estar a mi lado en mis momentos de mayor debilidad, han reído conmigo incluso cuando estaban tristes por verme llena de tubos y aparatos médicos, pero ahí estaban ellas, escuchando aquellas cosas que les decía, aunque no me entendían, transmitiéndome alegría y proyectando viajes, aunque pensaban que nunca los haríamos. Solo querían hacerme feliz.

Tantas y tantas personas que han llorado junto a mi familia, que han compartido su cruz, que han hecho de nuestro dolor su dolor, que han cuidado a mis padres y a mis hermanos, siempre pendientes de lo que pudiéramos necesitar.

¿Cómo se puede no ser feliz cuando uno ve tanto amor a su alrededor?

Ahora mismo siempre quiero estar feliz con todas las personas, ¿de qué nos sirve enfadarnos? Pienso que a veces nos preocupamos por tonterías, priorizamos cosas que no merecen la pena y descuidamos lo que de verdad importa: el amor. Con todo esto que he vivido, me he dado cuenta de que hay muchos caminos hacia la felicidad y, a veces, los que parecen más bonitos acaban llevándote a la tristeza. Por el contrario, en otras ocasiones, los más duros, con muchas cuestas, con baches y menos bonitos, te llevan a ser feliz, a vivir plenamente.

Nunca me he preguntado por qué me ha pasado esto, o por qué a mí, o por qué en este momento. El dolor y el sufrimiento forman parte de la vida y debemos aceptar todas las experiencias dolorosas que esta nos trae. Hay muchas cosas que no dependen de nosotros y sobre las que solo podemos decidir cómo queremos vivirlas. Y es esta actitud la que nos hace crecer como personas y nos ayuda a vivir más plenamente. Mis padres dicen que el sentido profundo de la vida pasa por aceptar, por «amar» la cruz que se nos pueda poner.

La vida es esfuerzo. Cuando salí del Hospital Clínico, los médicos me dijeron que «no hay límites», esta frase me la repiten mis padres con frecuencia, incluso en mi casa me han puesto un cartel en el salón en el que pone: «María, tú puedes con todo. No hay límites». Y cuando a veces estoy cansada porque veo que no avanzo, que no puedo hacer determinadas cosas, pienso en esta frase porque sé que la vida es esfuerzo y que todo lo importante cuesta.

La vida me ha hecho descubrir una realidad que antes no conocía. Hay mucha gente que sufre, con limitaciones no solo físicas sino de cariño, que sufren su soledad y a las que el vertiginoso mundo actual nunca mira.

Yo antes no hacía otra cosa más que estudiar, y ahora he visto de frente el sufrimiento, yo lo he vivido, he llorado, pero he tenido a mi alrededor personas que han sabido sembrar en mí esperanza. Yo quiero ser esperanza para los demás, quiero ayudar a otros a cargar con su sufrimiento y a sentir la felicidad como la vivo yo.

Qué bonita es la vida cuando te la planteas como un camino en el que estamos llamados a sembrar alegría y esperanza allí donde estemos. ¿Dónde está la felicidad? Yo he descubierto que la vida plena está en el amor, por eso, a pesar del dolor físico que he sentido durante tantos meses, a pesar de mis limitaciones, de mis miedos, puedo afirmar que la vida es maravillosa porque he descubierto el amor más auténtico de las personas, el amor más puro e incondicional de mi familia, mi novio y mis amigos.

En el centro hay muchas realidades personales. Después de llevar más de un año en el Hospital Virgen del Consuelo, conozco muchas. Al principio no podía hablar demasiado con esas personas por mi problema de comunicación, pero ahora hablo con todo el mundo. Suelen ser personas mayores, pero hay algunos jóvenes como mi amiga M. y T. que, aunque ha transcurrido más de un año, sigue en su silla de ruedas y sin poder comunicarse. Sus padres siempre están a su lado, con una sonrisa y una mirada de amor que derrite y, desde luego, siempre mirando el futuro con esperanza.

Mi amigo A. sigue en la silla de ruedas, pero sé que pronto andará, sus padres siempre están con él.

Mi amigo Al. no habla español, pero recuerdo sus primeros pasos después de un año y cómo lo cogía yo del brazo para entrar juntos en las clases.

Me encanta ver cómo a mi amiga P. la recoge su marido y el cariño que le tiene.

M. siempre está acompañada de su hija.

También mi amigo J. me da pena porque está triste, y yo le digo que piense en cada día, nadie sabe cuándo nos moriremos, pero sí que sabemos que hoy estamos vivos.

Es bonito ver con qué cariño los padres cuidan de sus hijos enfermos, y en otros casos son los hijos los que dejan todo por cuidar a sus padres.

He descubierto el mundo de la discapacidad. Antes apenas me daba cuenta de la cantidad de personas que sufren limitaciones y cómo se vive con ellas, ahora pienso que la felicidad no depende de cómo te encuentres, sino de la actitud que tengas ante lo que te va sucediendo.

Como veis, mi vida ha cambiado en un año. A pesar de la dureza y del sufrimiento que he padecido durante todo este proceso, y pese a que mi vida de antes era bonita y echo de menos cosas que podía hacer y ahora no, soy superfeliz, más incluso que antes. Ahora siento a Dios dentro de mí, lo siento muy cerca, me acompaña cada día y me da fuerzas en aquellos momentos en los que me siento cansada. He sentido la oración de mucha gente que suplicaban a Dios por mi curación, y yo sé que me ha ayudado para poder seguir viviendo, creo firmemente en ello. Dios me ha sostenido en el momento de mayor fragilidad, y sé que me ha dado y me sigue dando fuerzas para aceptar los obstáculos que he ido encontrando en mi camino. Pongo mi vida en sus manos.

Él me ayuda a vivir desde la esperanza, y esa esperanza es la que quiero llevar a la gente que me rodea.

Sé que Dios tiene un plan para mí y yo lo voy a cumplir. Quiero orientar mi vida al servicio a los demás. Quiero dar amor porque sé que en él, en darlo y recibirlo, está la felicidad. Quiero contribuir a que las personas que se crucen en mi vida, los que me rodean, sean felices. A fin de cuentas, todos estamos en este mundo para aportar nuestro granito de arena a la tarea de hacer este mundo mejor. Quiero contribuir a ese esfuerzo porque eso es lo que da sentido a mi vida: el servicio y la entrega a los demás, vivir amando.

11. DIOS TIENE UN PLAN PARA MÍ

Como ya os he ido contando en capítulos anteriores, siento que, en esta situación, Dios no espera de mí lo que yo he anhelado siempre: ser juez. Siento que todo lo que he vivido ha despertado en mí una sensibilidad y una habilidad para conectar con la gente con discapacidad, en general con la gente que sufre. No solo es que me una a su sufrimiento con mucha facilidad, es que yo he experimentado lo mismo que ellos, los comprendo y sé cuál es la ruta para transitar hacia una vida más feliz. Por eso creo que mi papel a partir de ahora se ha de centrar en eso, en ayudar a los que más sufren, por el camino que sea. Ahora no sé cómo será mi futuro profesional, pero quiero dirigirlo a ayudar a los demás, a animar, motivar, transmitir fuerza, capacidad de trabajo y lucha sin límite. Quiero ser luz allá donde esté, alegrar a los que me rodean, aliviarles el sufrimiento. Justo ahora estoy pensando cómo canalizar mi nuevo plan de vida. Yo ya he comenzado a trabajar en el plan que Dios tiene para mí, ¿y tú?

En todo este tiempo, he estado y estoy rodeada de amor, del cariño de mi familia, de mis amigas. Me han escrito cosas increíbles. A continuación tenéis, a modo de ejemplo, parte de los testimonios de Lucía, una amiga mía, y de mi tía Yolanda, donde cuentan cómo han vivido junto a mí todo este proceso.

Lucía:

La enfermedad de María comenzó mostrándome que en la vida lo importante no es lo que tienes, sino a quién tienes, y yo necesitaba a mi amiga para disfrutar de lo que ahora ya sabía que era el milagro del día a día. Las primeras semanas fueron una auténtica montaña rusa de noticias que pasaban de esperanzadoras a demoledoras en cuestión de días e incluso horas, pero me mostraron una forma de hacer frente al sufrimiento que rompió todos mis esquemas y que ahora incluso me parece la mejor, que es la de abrirse a los demás, la de compartir sin filtros el dolor por el que se está transitando, sin miedo a recibir la pena de los demás puesto que lo que en realidad recibes es un amor y una fuerza vital para hacer frente a una situación tan delicada como aquella. La familia de María desde el primer día se dejó acoger por los demás e incluso diría que sirvió de refugio para todo aquel que lamentaba la enfermedad de María. Algo que recuerdo con especial cariño, y que aún a día de hoy sigue sorprendiéndome, es que donde encontré mayor consuelo fue en los abrazos de la madre de María; ella, que estaba viviendo en la peor de las tinieblas, seguía siendo capaz de ser un faro para los demás, lo que me ayudó a comprender de dónde venían algunas de las mayores virtudes de mi amiga. Otra de las grandes enseñanzas que extraje de los primeros días fue la importancia de no perder la esperanza y tener fe en que lo mejor va a suceder. [...] La primera reacción que yo temía cuando María comenzara a recobrar la conciencia era que se sumiera en la tristeza, que sintiera que la vida había sido tremendamente injusta con ella y que no encontrara la fuerza que necesitaba para todo el proceso que le esperaba. ¿Cuál fue mi sorpresa? Que María volvió a esta realidad con una sonrisa, y no hizo más que ayudarnos a saber acompañarla. Cuando salía de aquella habitación de hospital, siempre pensaba que la que realmente me ayudaba era ella a mí, y no yo a ella. [...] Lo que me hizo ver que el amor que había en esas cuatro paredes, de ella hacia nosotros y de nosotros hacia ella, fue un arma fundamental en su curación [...]. Cuando comenzó a hablar, no existieron quejas sobre lo que le había sucedido, al contrario, solo tenía palabras de agradecimiento por el inmenso cariño que había recibido y por esta segunda oportunidad que le había brindado la vida, a pesar de que llegaba cargada de incertidumbre y de una larga lista de logros y metas a alcanzar. [...]. Me asombró ver que, en lugar de preguntarse por qué le había tocado vivir eso a ella, aceptó lo que le había ocurrido, lo acogió como parte de su historia y confió en que la vida, al igual que ahora le había dado un mordisco, en un futuro le depararía cosas maravillosas. Ella estaba dejando atrás la persona que había sido hasta aquel 30 de diciembre para conocer su nueva versión, para abrirse a nuevas ilusiones y planes de futuro, con las nuevas cartas que la vida le había puesto delante. Y es justo esa capacidad de mi amiga de saber decir adiós, de entender la vida como un libro lleno de capítulos, de haber cerrado el anterior a su enfermedad con esa sabiduría, y tener la mirada puesta en el futuro, lo que me hizo y hace admirarla cada día más. A su salida de los hospitales, me enorgulleció ver que no dejaba que sus limitaciones le impidieran disfrutar de la vida, incluso os diría que ahora lo hace mucho más. [...] aprender a quererse a uno mismo, tal y como se es, y a reírnos de nosotros mismos, y de las cosas que nos suceden, debería ser un ejercicio diario, porque, como veo en María, esto nos permite llegar mucho más lejos de lo que nosotros creíamos que podríamos. El hecho de poder ver de cerca su lucha, cómo ha alcanzado cada meta que se ha propuesto y su actitud frente al sufrimiento, la adversidad y la incertidumbre es una lección de vida que guardo para siempre. Gracias, amiga, por llevarme de la mano, por todas esas sonrisas que te costaron un mundo, por ese audio diciendo por primera vez mi nombre, por seguir acordándote de cualquier mínimo detalle de nuestra amistad, por velar por mi felicidad; en definitiva, gracias por ser la mejor amiga de mundo, sean cuales sean las circunstancias. Nunca fui capaz de imaginar una vida sin ti. Te deseo toda la salud del mundo, porque sé que todo lo demás lo conseguirás con tu esfuerzo y perseverancia.

Yolanda:

El día 30 de diciembre de 2022, me avisaron de la terrible noticia y pensé que no le podía pasar nada a María, que es el pilar de la familia, el motor y estímulo y el eslabón que mantiene unida a toda la familia. La llegada al hospital fue muy dura, ver a mi hermana, mi cuñado y mis tres sobrinos destrozados en una sala de espera esperando que sobreviviera de la operación. Y termina la operación y eso significa que María ha luchado por vivir. María supera una operación y ya nos empieza a demostrar una fortaleza admirable. Va superando cada una de las complicaciones que le van surgiendo. María sigue resistiendo. María sigue luchando por vivir. Desde que despierta del coma me sorprende con su serenidad, aplomo y fortaleza, y al verla me impresiona su capacidad de enfrentarse y afrontar las adversidades. No me sorprende solo a mí, sino a los sanitarios cuando le realizan cualquier cura, ese día en concreto, el de la traqueostomía, por su gratitud, su colaboración y su valentía, no se queja de nada y no olvida nunca dar las gracias. Primera lección que me da mi sobrina María: la vida está hecha para vivirla con coraje y valor, María es fuerte y valiente.

María sigue conectando con estímulos externos. Pero siento una tristeza inmensa cuando la veo, rapada, y la mano y pierna derechas inmóviles. Se me parte el alma cuando veo que con su mano izquierda se coge la mano derecha como si no formara parte del cuerpo y se la esconde debajo de la sábana, pero siempre en su rostro hay una sonrisa. Segunda lección que me da María, la vida está hecha para vivir superándote, creciendo y madurando y hay que dejar atrás el pasado y mirar con esperanza el presente y futuro.

María tiene que aprender a tragar. María sigue superando todos los obstáculos, incluso cuando se veía que la PEG le sangraba y le molestaba mantiene calma y aplomo.

María comienza su rehabilitación con ganas. Tercera lección, María supera la tristeza y afronta la rehabilitación como un reto y empieza a recuperar la movilidad, equilibrio, coordinación y descubre que sus compañeros se alegran al recibir su cariño, su ayuda, su motivación y se convierte en un referente en el centro de rehabilitación y en una persona muy querida por los profesionales y compañeros. Cuarta lección: María no ve límites y apuesta fuerte por conseguir lo que se propone.

La familia vive con María en esa habitación del hospital durante meses acompañados por tantos amigos que siempre están cerca de ellos. Quinta lección: María tiene la mejor medicina, el amor de la familia, el amor de sus padres y hermanos que, rotos de dolor por dentro, apoyan con fuerza y esperanzados.

María ha descubierto en su proceso de rehabilitación a muchísima gente que la quiere, ha descubierto que su futuro profesional está hecho para ayudar y, haga lo que haga, va a inspirar y motivar a la gente que le rodea a ser fuerte, esperanzada y agradecida.

María ha sentido el amor de su familia como motor para aprender a andar, tragar, comer, correr, hablar y leer.

Unos dicen que María es una campeona, otros que una *influencer*, otros que está bendecida, otros que tiene un ángel y yo pienso que es una valiente y simplemente es maravillosa. Puedo asegurar que no conozco ni imagino a nadie que hubiera sido capaz de superar una operación de 7 horas, un coma de 23 días, una hemiparesia y una rehabilitación de más de un año, siempre con una sonrisa. Séptima lección: María transmite amor porque está rodeada de amor, da lo que recibe y es una resiliente a sus veintisiete años.

Queda por contar el final de su proceso de recuperación, el trabajo que realizará y el proyecto vital que desarrollará. Queda por contar cómo María seguirá confiando y viviendo con tanta plenitud. Queda por contar cómo María, valiente y agradecida, seguirá superándose y consiguiendo lo que se propone con ese valor, coraje y aplomo que pocos tenemos. Queda por contar cómo su familia y amigos se recuperarán de tanto dolor y miedo al finalizar esta etapa de la vida de María que ha sido un testimonio de amor y esperanza.

EPÍLOGO

El libro que acabáis de leer recoge el cambio de vida de nuestra hija y hermana, el de toda nuestra familia. Es un relato sin edulcorar que muestra intenso dolor, sufrimiento, miedo, sensación de que nuestra antigua vida ha finalizado. Muchos de los proyectos que María y la familia teníamos se han truncado. Pero, tras más de un año desde el 30 de diciembre de 2022, el día que cambió todo, podemos decir que también es un relato de amor, alegría, esperanza, perseverancia, felicidad.

Como se indica en las páginas anteriores, sentir que vamos a pasar de ser una familia de seis miembros a una de cinco es algo inasumible, imposible de digerir. Todo se torna negro, aunque en esa oscuridad absoluta siempre queda un pequeño rayo de luz: ¿y si la medicina pudiese salvar a María?, ¿y si Dios ilumina a los doctores y cambia el predecible negro futuro que le espera a María, que nos espera? En esos duros momentos, pendientes de esos informes médicos que muchos días eran demoledores, nos apoyamos en Dios, rezamos, rezaron por nosotros y nos dejamos sostener en los brazos de un Dios que lloraba junto a nosotros.

La primera palabra que nos viene a la mente es la ESPERANZA. El motor que nos mantuvo en pie, además de, en nuestro caso, nuestra fe cristiana, fue la esperanza en que todo podía mejorar, aun en los peores momentos. Para la esperanza vale tanto lo natural como lo sobrenatural, lo espiritual. Todo vale si se intenta salir de la espiral del dolor y mirar hacia delante con algo de paz. En estos casi dos años, hemos podido sentir la fuerza de la esperanza, de confiar en la resurrección, en una nueva vida, de mirar siempre hacia delante, de vivir el presente con el pensamiento puesto en que todo puede mejorar. Pero mejorar no es necesariamente que las cosas vuelvan a ser como antes, es saber aceptar, convivir con las nuevas circunstancias, sentir que siguen existiendo mil razones para darle gracias a Dios todos los días. Vivir con un corazón agradecido, incluso en el dolor y el sufrimiento, es algo que hemos aprendido en esta dura experiencia, nos lo enseña nuestra hija y hermana cada día de su vida, y os podemos asegurar que es una de las claves de la felicidad. Hay que dar gracias por el regalo de una vida que se hace cada día con las circunstancias que a uno le han tocado.

En relación con esto, queremos detenernos en la segunda palabra clave, AMOR. En nuestra familia siempre hemos creído que el camino de la felicidad discurre por las cosas importantes de la vida, que está en lo interior y no en lo material, en lo superficial; que está en querer de corazón, pero todo aquello por lo que hemos pasado nos ha mostrado (bruscamente) esta realidad. María, aunque ya lo era, es ahora un ser de luz, feliz porque valora lo importante de la vida, porque la clave de la felicidad no pasa por el tipo de trabajo, el dinero, los bienes, pasa por dar y recibir amor. La felicidad de María en todo este tiempo se apoya en el amor que entrega a todo el que se acerca a ella, por el amor constante de nosotros, su familia, de su novio, de tantos amigos, pero, sobre todo, por su amor a las personas que están con ella en el centro de neurorrehabilitación, por cómo sufre con y por ellas, por el cariño con el que los escucha, por su preocupación por cada cosa que les pasa. Vaciar de cosas superfluas la mochila que nos acompaña en nuestro periplo vital y cargarla de personas, de cariño y amor es la mejor receta para vivir en plenitud.

La vida de María, también la nuestra, ha cambiado. ¿Podemos hacer algo para revertir lo que pasó aquel 30 de diciembre? Por mucho que pensemos ahora los «y si hubiéramos...», lo que ocurrió no va a cambiar. Ahora solo nos quedan dos alternativas: o lamentarnos, amargarnos por lo ocurrido y anhelar lo imposible —volver a la vida anterior— o ACEPTAR y mirar hacia delante. Todas las vidas tienen luces y sombras, el sufrimiento forma parte de la existencia. Pese a que, especialmente en la juventud, pensemos que siempre vamos a circular por una flamante autopista perfectamente asfaltada, nos aparecerán baches, más grandes o pequeños, que alterarán nuestro recorrido vital. Dependiendo de cómo afrontemos esas situaciones, los baches podrán incluso detener nuestra marcha, pero, si sabemos asumir el dolor, del que ninguno está exento, como parte de la vida, descubriremos que son muchos los caminos que nos llevan a la felicidad siempre que los recorramos con esperanza y amor. La aceptación de las cruces que nos vamos encontrando es clave para seguir creciendo y viviendo, y María nos ha dado una lección impresionante a todos los que la rodeamos. Su felicidad, desde el pleno conocimiento de su realidad, pero también desde la certeza de que la vida sigue por otra ruta distinta a la que ella pensaba, aunque esa ruta puede ser incluso más maravillosa, nos da a toda la familia paz y alegría.

María también nos ha enseñado a toda la familia a vivir el presente. En una situación tan dura como la que hemos relatado, pese a la esperanza que siempre hemos tenido, nos ha asaltado continuamente la tentación de pensar en el futuro de María y en el nuestro, y es inevitable que afloren en nosotros pensamientos negativos, al principio sobre la evolución de María, luego sobre su rehabilitación, su trabajo, su vida... María siempre dice en las charlas que da a los jóvenes que hay que disfrutar de cada día, de cada persona con la que nos cruzamos, de cada amanecer, de la naturaleza y de tantas cosas preciosas que nos suceden. La vida nos puede cambiar en un segundo, pero no está en nuestras manos evitarlo, por lo que amargarnos por la incertidumbre del futuro no es el mejor camino. VIVIR EL DÍA A DÍA, desde la felicidad profunda, alcjados del hedonismo, pero centrados en disfrutar de lo esencial, es la mejor receta.

En esta dura experiencia, el verbalizar nuestro dolor nos ha ayudado a poder soportar el sufrimiento. El compartir lo que estábamos sufriendo con las personas que nos rodean, el dejarnos ayudar y acompañar, el sentir que no estábamos solos, que eran muchas las personas que estaban a nuestro lado cuidándonos y sufriendo con nosotros, nos ha dado fuerzas. En este punto, queremos tener muy presente a nuestros AMIGOS y a nuestra familia. Siempre supimos que teníamos muy buenos amigos y una familia estupenda, pero la demostración que han hecho los amigos de cada uno de los miembros de nuestra familia de cariño, apoyo, ánimo, sufrimiento compartido, acompañamiento, cuidado y, en definitiva, amor no se nos va a olvidar nunca. Todos nos hemos sentido absolutamente cuidados por vosotros. Dentro del inmenso dolor y el tremendo sufrimiento, vuestro cariño y vuestros cuidados eran un pequeño oasis. Todo lo vivido en los días del Hospital Clínico, así como el proceso de rehabilitación de María, habría sido infinitamente más duro sin vuestro cariño. Muchas GRACIAS por estar siempre a nuestro lado y empujando hacia arriba a María.

Y, para acabar, queremos hablaros de lo que ha sido Dios para nosotros. Sentir a un Dios llorando con nosotros, que nos sostiene en el momento de mayor dolor, unir nuestra cruz a la de Jesús y a las de tantas personas que sufren, abrazar y aceptar las dificultades que nos depara la vida ha hecho de nuestra cruz un signo de amor y de bendición. Esta profunda experiencia ha aumentado nuestra fe y en nuestra propia existencia hemos vivido las palabras de san Pablo «los caminos del Señor son inescrutables» y, como en el dolor y en la cruz, hay VIDA.

Nos sentimos una familia bendecida, sostenida y amada por Dios, una familia que ha experimentado el amor en el sufrimiento, en las incertidumbres y en el miedo, y que mira al futuro con un corazón agradecido y lleno de esperanza.

María nos dice muchas veces que el Señor tiene un plan para ella y ya ha comenzado y, os lo podemos asegurar, María es una persona de luz que nos ha enseñado a todos cómo disfrutar de una VIDA plena y es en esa nueva forma de vivir donde nuestra familia ha encontrado la auténtica felicidad.

En fin, el libro es la historia de María, de nuestra familia, escrita a corazón abierto, pero también es una historia de sufrimiento, esperanza, alegría y experiencia de Dios.

TUS PADRES Y HERMANOS

A continuación, y para acabar,
os adjunto unas fotografías que reflejan muy bien mi vida,
antes y después del 30 de diciembre de 2022.

¡¡¡En todas sigue habiendo VIDA!!!

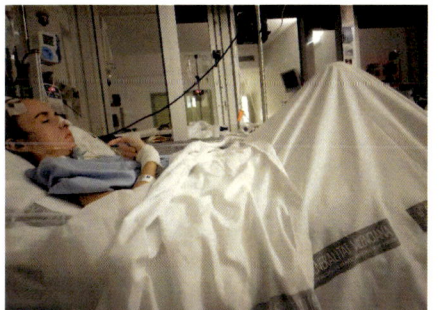

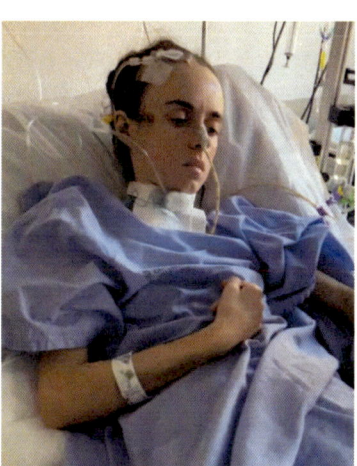

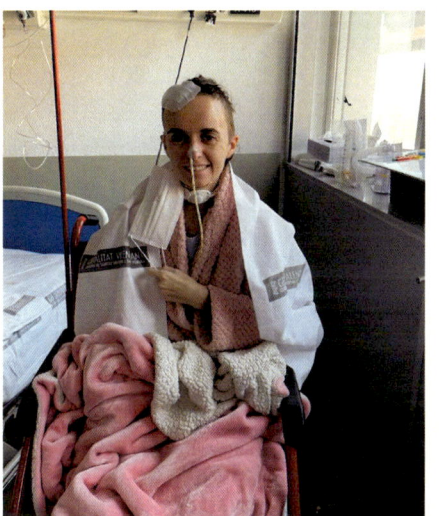

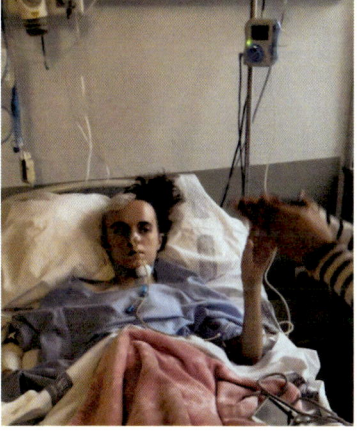

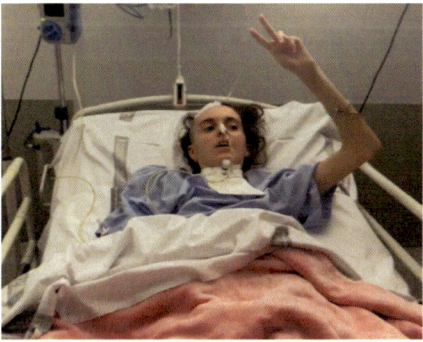

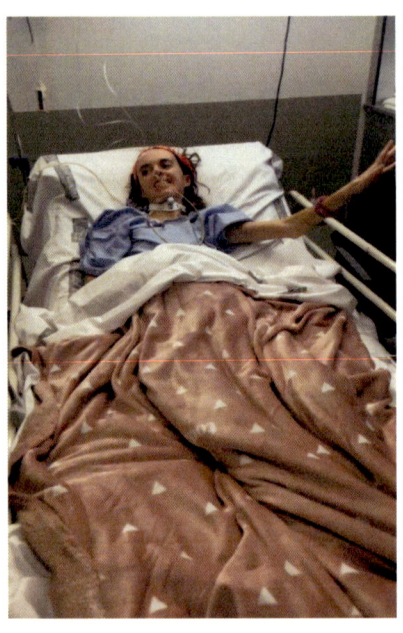
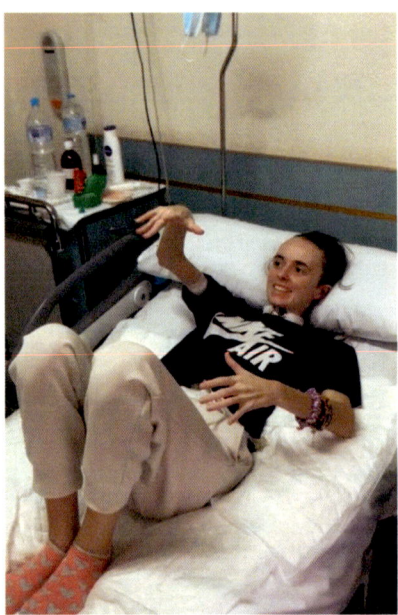
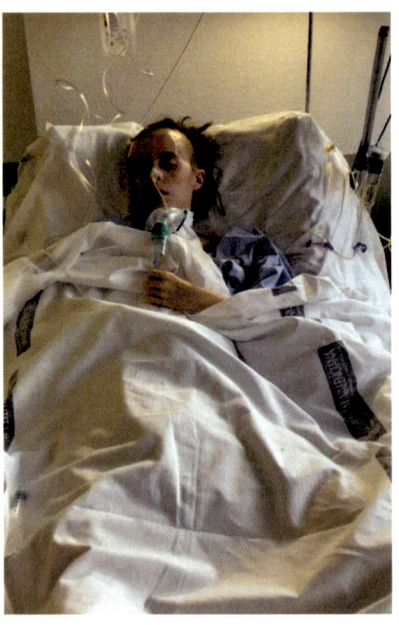
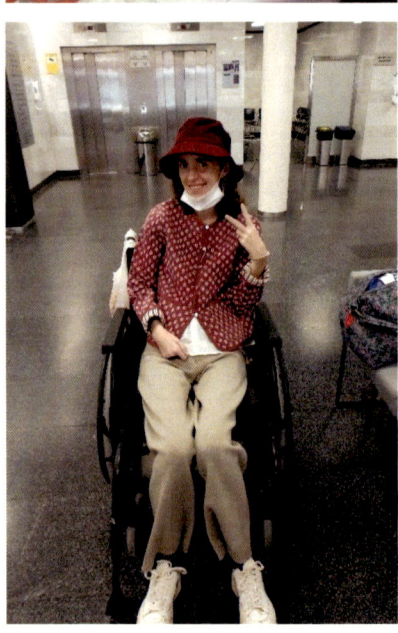

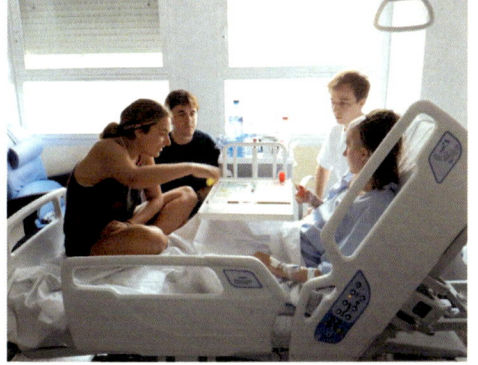

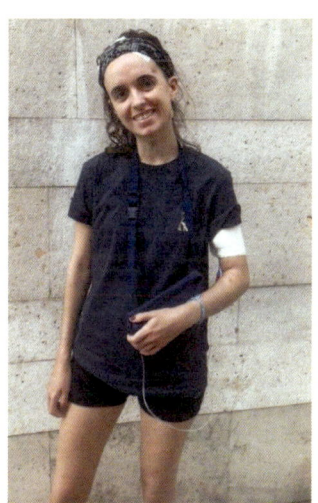

ÍNDICE